돌아가는 길, 나의 등불

국립중앙도서관 출판예정도서목록(CIP)

돌아가는 길, 나의 등불 : 불자의사들이 전하는 부처님 자비광명 속 호스피스·완화의료 / 지은이: 임정애 외. -- 서울 : 여름, 2018
      p. ; cm

감수: 안성두
참고문헌 수록
ISBN 978-89-92612-41-8 03220 : ₩14000

불교[佛敎]
호스피스[hospice]

225.88-KDC6
294.337-DDC23   CIP2018031106

불자(佛者) 의사들이 전하는
부처님 자비광명 속 호스피스·완화의료

돌아가는 길, 나의 등불

저자 임정애 외
감수 안성두

도서출판 여름

감수

안성두 교수 | 서울대학교 철학과
　　　　　　사)한국불교연구원 원장

저자

김달용 교수 | 동대 일산병원 혈액종양내과
김도연 교수 | 동대 일산병원 혈액종양내과
　　　　　　불교여성개발원 8차 108인
김종화 박사 | 의학박사
　　　　　　사)한국불교연구원 4대 이사장
박귀원 교수 | 중대병원 소아외과
　　　　　　의료봉사단체 무량감로회 회장
박종훈 교수 | 고대 안암병원 정형외과
신성준 교수 | 동대 일산병원 신장내과
윤　탁 교수 | 동대 일산병원 정신과
임정애 교수 | 건대병원 마취통증의학과(전)
　　　　　　불교여성개발원 부회장 겸 생명존중운동본부장(전)
　　　　　　국립암센터

최용현 교수 | 건대병원 치과

(가나다 순)

차례

서문 _____ 7

제1장 불자의사들이 호스피스 의료 현장에서 전하는 이야기
당신 잘못이 아닙니다 _____ 15
'세상에서 가장 아름다운 용기'에 대하여 _____ 20
당신이 아프지 않았으면 좋겠어요 _____ 24
호스피스 의료현장에서 만난 멋진 자원봉사자들 _____ 28
불교의 생사관 _____ 32

제2장 임종과정에 있는 환자와 보호자가 생각해야 할 사항
1. 불자환자와 보호자가 알아야 할 임종 1~2주 전 _____ 37
  〈환자의 마음가짐〉 _____ 41
  〈보호자의 준비〉 _____ 45
2. 임종 1~2일 전과 임종 순간 _____ 49
  〈임종이 임박한 환자의 마음가짐〉 _____ 53
  〈임종이 임박한 환자의 보호자가 할 일〉 _____ 55

제3장 임종의례 _____ 59

제4장 환자와 보호자가 불교적으로 점검할 질문과 답변 ____ 67

제5장 말기환자와 보호자에게 호스피스·연명의료에 대한 이해를 도와드릴 질문과 답변 __ 97

차례

제6장 자료집 133
    1. 불교의 관점에서 본 사전연명의료의향서 작성에 대한 이해 ___ 135
    2. 사전연명의료의향서 작성에 있어 주의사항 139
    3. 사전연명의료의향서 작성에서 자주 묻는 질문에 대한 Q & A ___ 143
    4. 암환자의 통증조절 148
    5. 임종시 의례 153
        ◆ 삼귀의 154
        ◆ 대한불교 조계종 표준 한글 반야심경 155
        ◆ 반야심경 156
        ◆ 수계(삼귀의계) 157
        ◆ 오계 159
        ◆ 한글아미타경 160
        ◆ 대한불교 조계종 표준 금강경 168
        ◆ 나무아미타불 염불 191
        ◆ 극락세계 발원문 192
        ◆ 사홍서원 194
        ◆ 무상계(無常戒) 195

    참고문헌 199

서문

 이 책을 쓰게 된 동기는 불자(佛者) 의사들이 힘을 합쳐 말기환자와 보호자에게 호스피스·완화의료를 알리고, 고통과 두려움에서 벗어나 부처님 자비광명 속에 임종을 맞이하는데 도움을 드리려는데 있습니다.

 책을 쓰게 된 불자 의사들은 불교여성개발원 생명존중운동본부의 창립기념 강의와 사)한국불교연구원의 '보람 있는 삶 아름다운 마무리' 강의에서 강사로 참여하면서 서로 알게 되었습니다. 2017년 5월에 불교여성개발원 생명존중운동본부장인 건대병원 임정애 교수가 동대 일산병원 윤탁 교수와 김도연 교수, 고대 안암병원의 박종훈 교수와 함께 '부처님께서 말씀하신 생명존중사상과 호스피스'라는 제목으로 강의를 하였습니다. 임정애 교수는 사)한국불교연구원과 함께 의료봉사를 하는 무량감로회에서 의학박사이신 김종화 사)한국불교연구원 4대 이사장님과 무량감로회 회장이신 박귀원 교수님을 만나게 되었습니다. 그리고 사)한국불교연구원에서 마련한 '2018년 보람 있는 삶 아름다운 마무리' 프로그램에서 동대 일산병원 신성준 교수가 강의를 하였습니다. 불교에서 인연이 귀중하듯 불자 한 분 한 분은 모두 소중하다며 서로의 인연을 중하게 여겨 지금에 이르게 되었습니다.

2018년 2월 『호스피스·완화의료 및 임종과정에 있는 환자의 연명의료결정에 관한 법률』(일명, 연명의료결정법)이 전면적으로 시행되었습니다.

불교여성개발원 생명존중운동본부는 2018년 3월 사전연명의료의향서 지정기관으로 결정되었습니다. 사전연명의료의향서는 연명의료결정법의 하나로 19세 이상의 건강한 성인이 생의 마지막 순간에 대한 결정을 스스로 하는 것으로, 치료가 되지 않고 회복 불가능한 상태에서 생명만을 연장시키는 연명의료에 대한 결정을 사전에 하는 것입니다.

호스피스·완화의료는 잘 죽는 것을 지향하는 것이 아니라 마지막 순간까지 아름다운 마음을 가지고 잘 사기 위한 것으로 말기환자와 보호자 모두의 삶의 질을 향상시키는 의료 활동입니다.

우리 불교는 임종 후에 하는 시달림과 49재 등은 준비되어 있으나 말기환자와 보호자가 생의 마지막에 겪을 정서적·영적 고통에 대한 관심과 도움은 부족한 현실입니다. 따라서 불교적 생사관이나 불교적 임종에 대한 평상시 관심이나 교육이 부족하여 임종을 앞 둔 말기환자와 보호자는 어찌할 바를 모르고 있습니다. 도반들의 문병과 위로 또한 부족하고 어떤 말을 해야 할지, 무엇을 도와줄지도 모르고 있는 상황입니다.

병원 법당 스님과 재적사찰 스님이 하는 병상의례나 임종자가 편안하게 이승을 떠나 극락에 이르도록 하는 임종의례의 중요성을 말기환자나 보호자는 알지 못하여 많이 행해지지 않고 있습니다. 그래서 불자들이 말기환자와 보호자가 되면 꼭 무인도에 버려져 있는 느낌이라고 합니다.

불자(佛者) 의사들은 의료현장에서 불자 말기환자와 보호자의 안타까운 사연을 많이 보게 되고 어떤 도움이 될 만한 것을 모색하게 되었습니다. 더구나 2018년

2월 호스피스·완화의료가 전면 시행됨에 따라 이러한 필요성이 더욱 증대되었습니다. 우리 저자들이 불교전문가가 아니기에 불교적 생사관과 수행에 대해서는 해박하지 못 할지라도 고통 받는 주변과 도반을 도우라는 불교적 가르침의 정신은 투철합니다. 따라서 학문적 지식은 부족하지만 말기환자와 보호자를 가장 잘 알고 있기 때문에 용기를 내어 보자고 뜻을 냈고, 책을 출판하여 널리 알리기 위한 결심에 이르렀습니다.

불자이지만, 의사들이 책을 내었기에 불교적 생사관과 이론에 부족할 수 있습니다. 그러나 환자 자신은 부처님의 자비광명을 생각하고 평소의 수행을 끝까지 놓지 않고, 보호자는 환자를 위로하며 조념염불을 계속 시행하도록 안내하는 책의 내용을 알고, 실천한다면 저희들이 책을 쓴 보람이 있다고 생각합니다.

나아가 불교적 임종과 호스피스에 관한 저희들의 관심이 작은 시작이 되어 이후에 더 좋은 결실이 맺어지는데 기여했으면 더할 나위 없는 기쁨일 것입니다.

이 책은 말기환자나 보호자 뿐 아니라 연세가 있는 불자와 가족, 나아가 건강한 모든 불자들이 읽고 나의 죽음, 가족의 죽음을 생각하고, 나는 어떤 임종을 맞고 싶은지와 나는 보호자로서는 어떻게 부처님 자비광명 속에 가족의 임종을 도울 수 있는지에 대해 알고 결정을 하는데 도움이 되는 방법을 안내하는 길잡이가 될 것입니다.

또한 건강한 불자라도 임종을 생각하고 좋은 죽음을 생각하고 원한다면 역설적으로 잘 살려고 하는 결심을 하게 되어, 부처님 말씀을 따르고 계를 지키고 수행·정진하는 아름답고 의미 있는 삶으로 인도 받는 기회를 얻게 될 것입니다.

스님들과 불자들이 책을 읽으시고 불교적 호스피스·완화의료를 발전시키겠다는 결심을 하여 부족한 불교 호스피스병원이나 불교 요양병원, 불자 간병인과 요양

보호사, 불자 봉사자에 대한 육성이 필요하다는 생각이 커진다면 불교 호스피스·완화의료는 분명히 더욱 발전할 것임을 확신합니다.

책은 다음과 같은 순서로 서술되었습니다.

* 불자 의사들의 진료현장의 이야기와 잊지 못할 환자에 대한 글모음입니다.
* 임종 1~2주일 전과 임종 즈음에 말기환자와 보호자들이 부처님의 자비광명 속에 임종하기 위한 마음가짐과 준비해야 할 일들입니다.
* 불교적으로 점검할 질문과 답변입니다.
  이런 질문과 답변을 통해 임종 즈음에 말기환자와 보호자가 준비하고 할 일에 대한 결정에 도움을 주고자 하였습니다.
* 호스피스·완화의료에 대한 질문과 답변입니다.
  호스피스·완화의료의 중요한 부분을 알기 쉽게 이해할 수 있도록 하였습니다.

임종을 앞 둔 말기환자와 보호자에게 긴 서술형보다는 핵심을 알기 쉽게 질문과 대답의 형식으로 구성하였습니다. 단답형으로 구성되어 내용이 지루하고 딱딱하다고 느낄 수 있지만 누구나 궁금한 내용에 대한 질문과 답변을 보고 이해하게 되면 나와 가족의 임종을 어떻게 맞이해야 하는지에 대한 결심을 하는데 도움이 되도록 하였습니다. 부디 이 책이 건강할 때부터 말기 임종까지 마음 깊이 간직하는 책이 되길 바랍니다.

책을 준비하면서 2010년과 2011년에 대한불교조계종 포교연구실에서 편찬된 낡은 옷을 갈아 입고와 불교 상제례 안내를 기쁜 마음으로 읽고 참조하였습니다.

책의 감수와 불교적 사전연명의료의향서 연구를 함께 해주신 안성두 교수님과 정성스럽게 교정을 해 주신 사)한국불교연구원의 류인숙 이사님께 감사의 인사를 전합니다. 또한 격려를 아끼지 않으신 불교여성개발원 노숙령 원장님과 생명존중운동본부 강영자, 황외숙, 하지원 108인들의 도움에 감사드립니다. 끝으로 사)한국불교연구원 김세억 이사님께도 고마운 마음을 전합니다.

책 제목은 '돌아가는 길, 나의 등불'입니다. 우리 불교는 임종을 돌아간다고 표현하고 부처님께서 열반에 드실 때 자신을 등불로 삼고 진리를 등불로 삼으라고 하신 '자등명 법등명'(自燈明 法燈明)을 생각해 볼 때, '돌아가는 길에 등불을 켜고 부처님의 자비광명 속에 들어가는데' 이 책이 도움이 되길 기원하는 뜻에서 제목을 정하였습니다.

이제 불자들이 미리 죽음을 생각하고 준비하여, 외롭고 황망한 임종이 아닌 부처님의 자비광명 속에서 돌아가길 기원하며 임종자 곁에 스님과 보호자, 도반들의 극락왕생 발원기도와 염불이 가득하기를 기원합니다.

불기 2562(2018) 구월 스무하룻날

저자 일동 합장

제1장

불자의사들이 호스피스 의료 현장에서 전하는 이야기

당신 잘못이 아닙니다

고대 안암병원 정형외과 교수 | **박 종 훈**

60대 이상의 환자들 중 종종 죽음 앞에서 의연하게 행동하시는 분들이 있다. 살 만큼 살았고 이룰 만큼 이루었고 그야말로 원 없이 살았다고 생각하시는 분들이 그렇다. 한 10년 전쯤의 이야기다. 준수하게 생기고 체격이 다부진 노신사분이 오셨다. 쇄골 뼈가 부러졌는데 개인 병원에서 골절의 양상이 예사롭지 않다고 했다는 것이다. 뼈의 중간이 까맣고 녹아보이는 것은 대부분 악성 종양을 의미하는데 먼저 진료한 의사 선생님께 어느 정도의 말을 들었는지 의도적으로 무척 의연한 모습을 보이신다.

그분이 들고 온 X-ray를 보니 역시 예사롭지 않았다. 단순하게 부러진 것이 아니었다. 전이된 종양 같아 보이기도 하고, 그 연세면 종종 있는 일종의 혈액암이 뼈를 공격하는 양상으로 나타나기도 하니 당장은 어떤 것인지 정확하게 판단을 할 수가 없었다. 확진을 위한 검사를 해야 하는 것은 당연했다. 추가 검사를 해야 하는 당위성을 어렵사리 설명했더니 대뜸 하시는 말씀이 "이제 살 만큼 살았고 성공도 한 편입니다. 검사는 다 하겠습니다만 굳이 오래 살고 싶은 마음은 없으니 편하게 말씀하셔도 괜찮습니다."였다.

아무튼 최종검사 결과로는 다발성 골수종이라는 병으로 확진이 되었고 워낙 의연한 분이라 나도 마음 편하게 진실을 말할 수 있었다.

"보통은 치료결과에 따라 4~5년은 사실 수 있습니다."라고 말을 했더니, 무척 기뻐하시면서 그 정도면 됐다고 하셔서 나는 그런가 보다 했었다. 역시 성공적으로 인생을 사신 분이라 다르구나 생각 할 정도로 말입니다. 치료를 잘하면 그것보다 훨씬 더 오래 사는 경우도 있다고 말씀드리니 어찌나 좋아하시는지.

그 후 외래에 올 때마다 내게 양주 한 병씩을 주시면서 아주 밝은 목소리로 "술을 아주 좋아해서 집에 많이 사다 놓았는데 이제 필요가 없으니 주치의를 드릴 수밖에 없네요."라고 하시면서 호탕하게 웃곤 하셨다(김영란 법 이전임). 예약된 날도 아닌데 의사와 이야기를 나누고 나면 안정이 된다는 이유로 오는 환자들이 간혹 있는데 이 신사분도 자주 찾아와 치료에 대해 이런저런 대화를 나누고, 나하고 이야기를 하면 안정이 된다면서 아주 밝게 웃곤 하셨다. 정말 완벽한 환자였다. 어떻게 하면 저렇게 평정심을 갖고 자기 병을 바라볼 수 있는지 존경스럽기 그지없었다.

그런데 어느 날 환자분은 검사하러 검사실에 들어가시고 사모님만 외래에 남아 계시기에 다가가서 인사하고는 "잘 지내시지요?"라고 물으니, 사모님이 한숨을 푹 쉬면서 "저녁에 술 한 잔을 하면서 그렇게 울어요. 인생이 덧없다면서…."라고 말씀하시는 것이다. 아! 그렇지. 어느 누가 의연할 수 있을까?

예전에 읽은 책에서 이런 내용이 있었다. 죽음을 두려워하지 않는다고 자부하던 민주 투사가 사형을 선고받고 형장의 이슬로 사라질 그 날을 기다리면서 하루 하루를 의연하게 잘 지내던 어느 날, 아침 일찍 찾아온 교도관이 방에서 나오라는 말에 다리가 후들거리고 정신이 하나도 없더라는 것이다. '드디어 올 것이 왔구나.'라는 생각에 말이다. 그런데 알고 보니 사형 집행이 아니라 무기징역으로 감형을 선고받기 위한 절차였다고 한다. 자신이 사형을 당하지 않게 되리라는 것을 알고는 그 후로 며칠을 아무것도 안 먹어도 배도 안 고프고 매일 아침에 일어나면 기뻐서 눈물이 나오더라는 것이다. 그전까지 의연하다고 느낀 것은 말일 뿐, 결국 죽음을 두려워하지 않는 사람은 없는 것 같다.

죽음이 본인에게 다가온다는 사실은 그 누구도 받아들이기 어려운 일이다. 물론 크게 생각해보면 우리 모두는 매일매일 죽음을 향해 한 발자국씩 다가가고 있다. 하지만 그 날이 언제일지 모르기 때문에 평정심을 갖고 살게 되는 것이다. 막상 언제 죽게 될 것이라는 구체적인 이야기를 듣고 나면 아무리 강심장이라도 의연하기는 쉽지 않다.

아직도 많은 경우에 있어서 암이라는 사실을 환자에게 비밀로 해 달라는 가족들이 있다. 너무 연로하셔서 인지력이 떨어지는 경우가 아닌데도 그렇게 해달라고 한다. 의료진의 입장에서는 무척 난감한 일이다. 아무런 치료도 안 하고 퇴원을 한다면 모를까 수술도 해야 하고 항암치료도 해야 하는데 어떻게 암 진단을 숨길 수 있을까? 불가능한데 그런 주문을 하는 가족들이 더러 있다. 의사의 입장에서는 무엇보다도 자신의 죽음을 알아야 마지막을 정리할 수 있을 텐데 왜 그런 기회를 주지 않으려 하는지 모르겠다. 죽음을 앞둔 그 심정을 헤아려서 그러는 것은 이해를 하지만 결코 좋은 방식은 아닐 것이다.

암 선고를 받고 완치가 어렵다는 말을 들으면 어떻게 하는 것이 가장 좋을까? 사람에 따라 다르므로 정답이 있을 수는 없다. 분명한 것은 첫째, 치료를 위해 최선을 다하는 것이 우선이고, 그 후의 결과는 겸허하게 받아들이고 스스로 삶의 정리를 깔끔하게 잘하는 것이 가장 정답에 가까운 것이라고 생각한다.

아버님은 20년 넘게 병원을 들락거리신다. 만성 호흡기질환으로 고생이 이만저만이 아니다. 아버님은 그렇다 치고 어머님의 고생이 이만저만이 아니라 언젠가 어머님이 내게 말씀하기를 '저렇게 고생하는데 오래 살면 뭐 하겠나'라는 생각이 든다고 하신다. 어머님도 힘드신 것이다.

그런 어머님이 한번은 동생이 "아버님이 저렇게 고생하는 것보다 돌아가시는 게 낫지 않나 싶다."라는 지나가는 말을 한 것을 두고 그렇게 서운해 하는 것을 본 적이 있다.

죽음은 인간이라면 누구도 피해 갈 수 없는 일인데도 나만은 예외가 되었으면 하는 것이 인지상정이 아닌가 싶다. 절대로 피해간 사람이 없다는 것은 다들 알면서 말이다.

뼈에 생기는 가장 대표적인 골육종은 대개 청소년기에 생기는 병이다. 어떤 환자든지 마음에 남지 않는 사람이 없지만 어른이 아닌 청소년이 암에 걸리면 어른 환자와는 다른 애잔함이 남는 경우가 많다. 10대에 어쩌면 생명을 잃을지도 모르는 암에 걸렸다는 것은 부모에게는 그야말로 충격적인 일이다. "백혈병이란 뼈에 암이 생기고 그로 인해 죽을 수도 있다."는 말로 인해 대부분의 부모들은 그야말로 공황상태에 빠진다. 입원을 해서 검사하고 결과에 따라 항암치료를 시작하게 되면 차마 곁에서 지켜보기 어려울 정도로 아이들도 힘들어한다.

10여 년 전에 고등학생 골육종 환자가 있었다. 참 잘생겼고 참을성도 많은 아이였다. 부모님은 경제적으로 넉넉하지 않았다. 어느 날부터 눕지 못하게 되었다. 폐 전이가 극에 달하면 숨이 차서 누워서 잠을 자기 어려운 상황이 오는데 그런 경우가 된 것이다. 대개의 골육종은 폐 전이로 인해 사망하는데 전이 종양이 한두 개 있을 때와는 달리, 폐에 퍼지면 서서히 폐기능이 상실되어 눕지를 못한다. 누우면

복압이 증가되어 폐를 밀기 때문에 숨이 가빠지기 때문이다. 그러니 잠도 앉은 자세에서 엎드려 잘 수밖에 없다. 당시에는 죽음이 임박한 아이들에게 병원 내 사회사업실에서 사회단체와 연결해서 소원을 들어주는 프로그램이 있었는데 환자는 노트북을 꼭 갖고 싶다고 소원을 얘기했었다. 얼마나 노트북을 갖고 싶었으면 폐에 전이된 암으로 인해 숨쉬기가 곤란할 정도의 상태에서도 노트북을 꼭 껴안고 있었다. 결국은 숨이 차서 눕지도 못하고 침대에 달린 식판 놓는 곳에 엎드려서 며칠을 지내다 저 세상으로 떠났는데 그렇게 가기 며칠 전에 "힘들지?"라는 어리석은 질문을 던지면, 늘 "견딜 만해요."라고 대답하던 아이였다. 그 아이는 결국 제대로 써 보지도 못한 노트북과 함께 못 돌아올 세상으로 떠났다. 병실의 아이들에게 유일한 놀이 기구가 노트북인 것은 지금도 마찬가지인데 나는 요즘에도 회진을 돌 때 노트북을 갖고 있는 아이를 보면 그 학생이 생각난다.

― 박종훈 교수 著 『당신 잘못이 아닙니다』

'세상에서 가장 아름다운 용기'에 대하여

동국대학교 일산병원 혈액종양내과 교수 | **김 도 연**

 말기 암환자의 투병과정을 다룬 책 중 감명 깊게 읽은 책이 있습니다. 세계적 철학자인 켄윌버의 부인 트레아가 유방암 진단 후 임종까지의 5년간의 기록에 대한 책인데 이 책을 읽을 무렵 트레아와 동일한 나이의 젊은 여자 환자를 진료하면서 느낀 바를 적고자 합니다.

 환자는 44세로 처음 불편한 증상은 어지러움증으로 응급실 방문하여 철분결핍성 빈혈로 진단받았습니다. 당시 복통도 있어 응급실에서 복부 CT 촬영을 하였는데 우측 상행 대장에 종괴가 발견되었고 폐 CT상 다발성 폐 전이가 발견되었습니다. 대장 종괴로 지속적인 출혈이 있어 철분결핍성 빈혈이 일어난 것입니다. 보통 폐경 전 여성에 있어 철분결핍성 빈혈의 원인은 생리 과다가 주된 원인인데 이 자그마한 체격의 젊은 여성은 진단 당시부터 대장암의 다발성 폐 전이인 4기를 진단 받은 겁니다. 세상의 모든 질병으로 인한 고통은 우리 곁에, 매일 아침 눈뜨고 접하는 뉴스에, 회진 돌면서 만나는 나의 모든 환자들에게 존재하지만, 44세의 철분결핍성 빈혈 환자에게 흔한 진단은 아닙니다. 우측 대장 종괴는 특히, 장폐색을 일으킬 정도여서 외과 교수님과 상의하여 완치 목적이 아닌 고식적 수술을 하였고 항암치료를 해야 했습니다.

　환자의 남편과 친정어머니는 대장암의 진행 정도와 항암 치료계획 등의 모든 사항을 환자 본인에게 알리는 것을 강력히 거부하였고 단지 대장 용종이 있어 이를 제거하고 몇 번의 약치료만 하면 용종 제거가 완료된다고 얘기해 줄 것을 요청하였습니다. 저는 일단 용종에 일부 암세포가 있어 항암치료를 한다고 일부 정보만 일단 알리는 것으로 하고, 전이성 대장암의 경우 항암치료가 완치적 목적은 힘들고 중앙생존기간이 2년 남짓이라는 것을 보호자에게만 알릴 수밖에는 없었습니다.

　물론 이런 희망을 유지하고자 시작된 '거짓된 진실'은 환자가 자그마한 체격에 반짝거리는 눈동자로 '항암치료가 언제 끝나지요?'라고 물어 볼 때 마다 같이 있던 남편에게는 '언젠가는 부인에게 알려야 할 터인데'하는 고민을 안겨 주었고 동시에 의료진들이 지속적으로 가족들을 설득하여 결국 환자에게 현재의 상황을 알려 주게 되었습니다. 이후 지속적으로 사회복지사와 보호자 및 환자 면담을 진행하였고 '진실 알리기' 등의 교육 자료 동영상을 제공하였습니다. 환자는 불자로 종교를 통한 마음의 안정과 병상기도 등도 권유 하였습니다. 가족, 의료진, 스님, 사회복지사 등의 노력으로 다행히 환자는 본인의 상황을 잘 받아 들였습니다.

　환자는 항암치료에 반응이 있다가 내성 생겨 다른 약제를 조합·변경하여 항암치료를 하였고 점진적으로 병이 진행하였습니다.

　진단 3년이 지나, 임종을 맞이하게 되었습니다. 환자는 말기환자라는 진실을 알았기에 힘든 가운데서도 하나씩 주변을 정리하였고 특히 가족에게 감사와 사랑을 전하였습니다. 마지막 순간 늘 하던 염주를 손목에 차고 가족이 하는 염불 소리를 들으면서 임종을 맞이했습니다.

'4기 암환자에게 항암치료를 시작하는 것과 항암치료를 중단하는 결정은 매우 고민스러운 일입니다. 항암치료 과정에도 마찬가지지만 중단 이후의 과정은 환자를 위한 모든 총체적인 돌봄을 쏟아 부어야 하는 시간입니다. 삶과 죽음은 절대 신체적인, 의학적인 문제만이 아니기 때문입니다. 이는 말기환자와 가족의 정서적, 사회적, 영적 고통을 줄여 주어 삶의 질을 높이는 호스피스·완화의료의 정착과 발전이 꼭 이뤄져야 하는 이유이기도 합니다.'

환자와 같은 나이인 트레아는 책속 그녀의 투병기록에는 열정적 평정심이 나와 있는데 집착과 싫어함이 없는 평정한 마음을 가지고 열심히 인생을 살아가라는, 머무는 바 없이 마음을 일으키는 보살의 삶을 역설하고 있습니다.

특히 책에서 '어떤 것이 실제로 도움을 주나.'라는 질문에 대한 답변으로는 '우아하게 그리고 용기 있게 질병을 바라보는 보는 것이다.'라는 내용이 나옵니다. 이에 암환자를 늘 보게 되는 혈액종양내과의사로서 앞으로 환자를 어떻게 돌봐야 하는지에 대한 중요한 대답을 얻었습니다.

책에서는 누군가를 돕기 위해 할 수 있는 유일한 방법은 듣는 일이라고 합니다. 그들의 말을 들어야만 그들이 필요로 하는 것이 뭔지, 그들이 직면한 문제들에 도움을 줄 수 있는 것이 무엇인지 알 수 있기 때문이라 고 했습니다. 암처럼 집요하고 예측할 수 없는 질병을 앓는 사람들은 수많은 단계를 거쳐야 하기 때문에 그들이 원하는 것을 '듣는 일'은 매우 중요하다고 합니다. 또한 보통 암을 어떤 징벌로 생각하거나 몹쓸 병에 걸린 것이라는 생각을 많이 하는데, 책에는 '암을 이용하기로 한' 이란 질문에 대한 답변으로 '내가 무엇을 할 수 있는지 돌아보게끔 만들며, 또한 어떤 잘못에 의한 징벌로 병이 생긴 것이 아니라고 생각할 수 있게 하고, 성장을 위한 잠재적인 기회가 풍부한 상황으로 병을 볼 수 있게끔 한다.'라고 나와 있습니다.

트레아는 다음과 같이 이야기 합니다. "나는 이제 그들에게 정서적으로 접근할 수 있도록, 내 자신의 공포를 넘어 그들과 닿을 수 있도록, 인간적인 접촉을 유지할 수 있도록 노력해야 한다. 나는 질병이 실패라 생각하지 않으며 그것과 친숙해지는 방법을 끊임없이 배워야 할 것이다. 우리의 자비심을 요구하는 매우 실제적인 아픔과 고통이 내 주변에 널려 있고, 그 속에 심리적, 영적 치유의 기회가 있다는 사실을 인식하도록 노력해야 한다. 이것이 완벽한 답이다."

이제 저는 이 완벽한 답을 얻기 위해, 가까이에서 환자들의 숨결을 느끼며 한걸음 한걸음씩 노력하며 나아가고 있습니다.

당신이 아프지 않았으면 좋겠어요

동국대학교 일산병원 혈액종양내과 교수 | 김 달 용

"참을 만해요."
환자들을 진료하면서 "통증은 어떠세요?"라고 물었을 때 가장 많이 듣는 대답입니다.

제가 몇 년 전, 아파서 병원 신세를 두번 진 적이 있습니다. 한번은 실신을 하면서 머리가 바닥에 부딪혀 뇌출혈이 생겨 병원 신세를 지게 된 것입니다. 의식이 1~2일 정도 없었기에 내 동료들은 나를 잘 봐주겠노라며 이런 저런 처치를 해주었습니다. 제가 그 당시 상황을 기억 못하지만 동료들의 이야기로는 제가 많이 아파하고 힘들어했다고 합니다. 팔로 들어오는 약물로 인한 혈관통이 심했는데, 기운이 없어서 통증을 표현할 수 없었고, 뇌출혈이 있어서 머리가 아픈 것보다 혈관통이 더 괴로워서 고생을 했습니다. 다행히도 뇌출혈이 더 발생하지 않아 일주일 만에 퇴원할 수 있었고 고통에서도 벗어날 수 있었습니다. 나머지 한 번은 요로결석으로 병원 신세를 진 것입니다. 밤에 자고 있었는데 전에 겪어보지 못한 심한 통증이 등에 갑자기 생겨서 잠에서 깼습니다. 참아보려고 했지만 주기적으로 오는 심한 통증에 더 참지 못하고 119를 불러 응급실로 갔습니다. 통증 위치와 아픈 느낌을 보고 검사도 하기 전에 요관 결석일 것이라고 혼자 진단하고 너무 아프니 먼저 진통제를 달라고 했습니다. 진통제를 맞고 잠이 들었다가 다시 아파서 깨고, 진통제를 다시 맞는 것을 몇 차례 반복한 이후에야 통증이 줄어들었고, 다음 날 요관 결석에 대한 치료를 받은 이후 통증에서 해방되었습니다. '나는 잠시 며칠 아픈 것도 이렇게 힘들었는데, 내가 보는 암 환자들은 분명히 내가 느꼈던 통증보다 더 아플 텐데'라고 생각을 하니 참을 만 하다고 스스로를 위로하면서 참고 있는 환자들이 너무 안타까웠습니다.

2년 전 위암을 앓고 있던 할머님을 치료한 적이 있습니다. 병은 수술을 할 수 없을 정도로 진행된 상태였고, 항암치료가 필요했으나 환자가 원하지 않아 불편한 증상만 조절해드리기로 했습니다. 병은 점차 진행하여 환자는 점점 기력이 없어졌습니다. 환자의 상태가 나빠지기 시작하면서 앞으로 치료를 어떻게 할 것인가에 대해서 상의를 해야 했기에 보호자인 큰 딸과 많은 면담을 했고 환자가 원하는 대로 연명치료를 하지 않기로 하고 최대한 편안하게 지내실 수 있게 도와드리기로 했습니다. 그런데 면담 도중 이 환자의 가족 중 암환자가 한 명 더 있다는 사실을 알게 되었습니다. 할머님의 둘째 딸이 몇 년 전에 유방암을 진단받아 수술 및 항암치료를 하기로 예약이 되어 있었는데 치료 과정이 너무 무서워 당시에 치료를 받지 않았다는 것입니다. 큰 딸의 이야기로는 아픈 것을 본인에게 이야기하지 않고 집에만 있어서 정확한 상태는 모르지만 피가 묻어 있는 휴지를 봤고, 움직이는 모습이 정상은 아닌 것 같으며 끙끙대는 것 같다고 했습니다. 유방암이 진행되면서 피부를 침범하면서 출혈이 있었을 것이고, 뼈에 전이되면서 통증이 발생한 것 같았습니다. 대다수의 환자에서 암성 통증은 조절이 가능하고, 유방암은 치료 선택방법도 다양한데 환자가 치료에 대한 두려움 때문에 치료를 피하고 있는 것이 너무 안타까웠습니다. 통증 조절해서 일상생활이 가능하게 만들어보자고 설득을 해서 유방암 환자인 작은 딸을 병원으로 오게 했습니다. 과거 진료기록을 살펴보니 내원 전에 목이 아파서 정형외과 진료를 받았었고 당시에 뼈 전이가 의심된다는 진단을 받은 상태였습니다.

저는 평소에는 환자의 치료 결과에 대해서 미리 약속을 하지 않지만 둘째 딸에게는 지금보다 훨씬 아프지 않게 만들어 드리겠노라고 약속을 했습니다. 처음에는 암 자체에 대한 치료를 원하지 않았기에 통증을 우선적으로 조절하기로 하고 효과가 빨리 나타나는 속효성 진통제를 먼저 사용하기로 하였고, 환자에게 통증 일기를 쓰도록 하였습니다. 환자가 통증 때문에 거동이 불편하여 병원에 오기 힘들었기에, 언니가 위암인 어머니를 보러 올 때 통증일기를 가져오도록 하였습니다. 통증 일기를 보면서 사용한 속효성 진통제 용량에 맞춰서 서방형 진통제를 추가하였습니다. 또한 갑자기 나타나는 돌발성 통증에 대해서는 속효성 진통제를 사용할 수 있도록 하였더니 환자의 통증이 조절되기 시작하였습니다. 그러면서 환자가 암을 치료할 용기가 생겼고, 환자의 신뢰를 얻게 되어 암에 대한 치료를 받게 할 수 있었습니다. 당시 검사 결과 다발성 뼈 전이가 확인되는데 척추신경을 압박할 가능성이 높았던 경추의 뼈 전이에 대해서는 방사선 치료를 시행하였고, 골절이 될 가능성이 높았던 대퇴골 전이에 대해서는 수술을 시행하였습니다. 조직검사에서 호르몬 양성 유방암으로 확인되어 호르몬 치료를 시작하였고 가슴에 있는 종괴도 줄어들고 암성 통증도 줄어들어 마약성 진통제의 사용량을 많이 줄일 수 있었습니다. 처음에는 통증 때문에 걸을 수 없어서 휠체어를 타고 들어왔던 환자가 진료실로 걸어 들어오는 것을 보면서 큰 보람을 느꼈던 환자입니다.
　제가 신이 아니기에 환자들이 가진 모든 병을 다 고쳐드릴 수 없지만 병으로 인한 고통을 줄여드릴 수는 있습니다.

"당신이 아프지 않았으면 좋겠습니다.
도와드리겠으니 혼자 괴로워하시지 않았으면 좋겠습니다."

호스피스 의료현장에서 만난 멋진 자원봉사자들

건대병원 마취통증의학과 교수 | 임 정 애

  호스피스·완화의료의 특징 중 하나는 팀 구성입니다. 이유는 사람은 단순히 신체적 죽음이나 고통 뿐 아니라 정서적, 사회적, 영적 고통을 같이 겪게 되기 때문입니다. 팀 구성은 의료진, 사회복지사, 종교가, 봉사자 등으로 구성됩니다.

  2011년 호스피스·완화의료 표준교육을 하면서 처음 호스피스 봉사자들을 만나게 되었고 깊은 감동을 받았습니다.

  제가 만난 봉사자들은 오전과 오후 두 팀으로 나누어 봉사 활동을 하며 신입 봉사자의 자격은 일주일에 3번 이상을 할 수 있는 대상으로 약 한 달간의 교육과 수습 기간을 둡니다. 봉사자들의 일상을 보면, 아침에 모여 봉사 전에 기도를 하고 환자의 병실을 방문하여 필요한 것을 살피고 환자의 상태를 체크합니다.

  환자 병실 방문 후에는 일정을 결정하며 회의를 마치고 환자 봉사에 대한 기도를 합니다. 각 회의 별 기도문은 책상에 부착되어 함께 봉사하는 마음가짐을 되새기며 환자의 안녕을 위해 기원합니다. 그리고 환자의 발마사지, 침대나 욕실에서의 머리감기기, 그리고 목욕을 돕고 이발 봉사를 합니다.

봉사자 팀장은 이발봉사를 위해 미용사 자격증을 취득하기도 했습니다. 그리고 환자의 휠체어 산책을 돕고 호스피스·완화의료에서 말기환자에게 보완요법으로 하는 미술요법, 음악요법, 점토요법, 원예요법 등을 같이 하였습니다.

　　이곳은 불교단체는 아니지만 불자도 입원하고 있는 곳입니다. 음악요법을 하면서 불자인 환자에게 기타연주에 맞춰 밝게 찬불가를 불러 줍니다.

　　그 상황을 접하면서 저는 마음속에 감사와 부끄러움이 함께 밀려 왔습니다. 봉사자들은 불자가 아니지만 불자인 말기환자의 종교를 존중하며 환자가 아름다운 마음을 일으키도록 찬불가를 연습하고 불러 주었기 때문입니다.

　　말기환자에게 종교를 강요하지 않고, 불자인 저도 모르는 찬불가를 부르는 모습은 저에게 부끄러움을 주었고 불교계에 호스피스·완화의료을 많이 알려야겠다는 생각을 하게 하였습니다. 또한, 봉사자들이 말기환자의 간병으로 지쳐 있는 보호자에게 직접 만든 점심을 제공하는 모습은 인간의 따뜻한 모습 그 자체였습니다.

　　난치병 어린이의 소원을 들어 주는 메이크어위시 재단이 한국에도 있고 해당 호스피스 기관에도 의료진과 봉사자, 기부자들이 위시재단을 만들고 기부를 하여 말기환자의 마지막 소원인 여행이나 그 동안 올리지 못했던 결혼식 등을 함께 하고 있었습니다. 16살 소년은 마지막 소원이 바닷가 여행으로 병원차로 의료진을 포함하여 봉사자들이 함께 바닷가 여행을 다녀왔고, 결혼식을 부인에게 올려 주지 못했던 40대 가장은 비록 휠체어를 타고 부인의 손을 잡고 입장하였지만 환한 미소로 고마움을 표시하였습니다.

　　의료진들이 환자 상태를 보고 결정하여 말기환자는 임종 즈음 임종방으로 보호자와 함께 가게 됩니다. 임종 전 기도, 임종 시 기도, 임종 후 기도에 봉사자들은 참여 하여 환자가 마지막으로 아름답게 임종하기를 기원합니다. 환자가 임종한 후에도 봉사자들은 장례식에서 조문하며 장지를 따라가기도 합니다. 또한 슬픔 속에 있는 보호자와의 만남이나 편지 등을 통해 사별 슬픔을 잘 극복하도록 도와줍니다.

간혹 부모님을 여의고 봉사자들의 따뜻한 마음과 도움에 감동하여 봉사자가 된 경우가 있습니다. 그런 봉사자들은 "발 마사지 법을 그 때 알았다면 좋았겠다."고 하거나 "암이라서 부모님과 함께 하는 시간이 있어 감사했다."는 말을 하기도 했습니다.

우리나라의 호스피스 봉사자들을 만나기 전, 세계적으로 긴급구호와 자원봉사자들로 유명한 대만 자제병원을 방문하였을 때, 병원은 우리나라의 대학병원과 크게 다르지 않았지만 병동에 보호자가 식사를 할 수 있는 테이블과 중간 중간 커튼이 있어서 집에 있는 듯 편안한 느낌을 주었습니다. 두 가지가 인상 깊었는데 첫째는 자원봉사자들이 10년에서 20년 이상 오래 봉사하여 봉사연수에 따라 봉사자들이 입는 조끼 색깔이 다른 것을 보며 부럽고 놀랐습니다. 둘째는 임종실에서 절이 보이고 벽의 미닫이를 열면 부처님, 다르게 열면 예수님이 보여 환자의 종교에 따라 마지막을 달리하고 있었습니다.

자원봉사 중에 호스피스기관의 환자를 돌봐주는 봉사는 마음을 먹기도 어렵고 임종을 맞는 환자를 보면서 체력과 의욕이 소진될 수도 있습니다.

부처님의 말씀을 살펴보면, 부처님은 대의왕(大醫王)이라고 불리셨고, 부처님 당시 의사가 승려인 경우가 많았습니다. 부처님께서는 질병은 의사뿐 아니라 병자, 간병인과 의사가 일체가 되어 책임을 지고 협조해야 병을 고칠 수 있다 하셨으며 환자와 의사, 간병인의 자세에 대해서도 말씀하셨습니다. 범망경과 사분율에 불자가 일체의 앓는 사람을 대하는 자세를 언제나 부처님께 공양하는 것처럼 정성껏 하면, 여덟 가지 복전 중에 병간호의 복전이 제1의 복전이라 하였습니다. 이렇듯 간병의 공덕이 큽니다.

우리들의 도반인 말기환자의 마지막 순간을 함께 하여 위로하고 지지해 주는 이야기를 하고 부처님 말씀을 들려주는 불교호스피스 자원봉사에 불교계와 불자들의 관심과 동참하는 나눔의 손길이 이어지길 기원합니다.

불교의 생사관

건대병원 치과 교수 | **최 용 현**

　아함경에서 사후세계의 존재를 묻는 제자에게 부처님은 '독화살의 비유'를 말씀하셨습니다. 독화살에 맞은 사람이 독의 종류며 화살의 재질을 알기 전에 먼저 치유를 받는 것이 우선이라고 말씀하시면서 수행을 강조하셨습니다. 사후세계는 조금만 수행을 하여 12연기법[무명(無明) · 행(行) · 식(識) · 명색(名色) · 육처(六處) · 촉(觸) · 수(受) · 애(愛) · 취(取) · 유(有) · 생(生) · 노사(老死)]을 이해만 하면 저절로 생사에 대한 의문이 해소되기 때문에 그리 말씀하셨습니다.

　불교적 관점에서 육체라는 것은 시간과 공간을 점유하고 마음을 담고 있습니다. 마음은 수행을 통하지 않고서는 육체를 벗어날 수 없고 마음을 담고 있는 육체는 시간에서 벗어날 수 없습니다. 이런 이유로 사망은 육체의 소멸이고 그 순간 마음은 육체의 구속에서 벗어나며 시간과 공간이 소멸되게 됩니다. 시간과공간이 소멸된 상태에는 12연기의 식(識)만이 남고 그 식(識)이 만드는 명색(名色)을 따라갑니다. 따라서 식과 명색을 이해하면 사후세계를 이해하기 쉽습니다. 식(識)이란 자신이 그동안 쌓은 수행이나 업에 따라 만들어진 알든 모르든 축적된 기억의 덩어리입니다. 이것을 불교에서는 아뢰야식이라고 부릅니다. 컴퓨터로 치면 메모리 장치입니다. 스마트폰에 모든 것이 자동으로 저장되듯이 이 아뢰야식에 자신이 행한 모든 업이 저장됩니다. 그리고 이것은 성불하기 전까지는 없어지지 않습니다. 컴퓨터에 전기를 차단하기 전까지 작동되는 것과 유사합니다. 이 식(識)은 명색(名色)이라는 세상을 만듭니다. 따라서 생전에 부처님과 인연을 만들면 그것이 식(識)속에 저장되고 육체가 사라지면서 부처님의 세상을 만나게 됩니다. 이것은 아미타부처님을 염송하면 사후에 아미타불의 서방정토에 간다는 말과 같을 것입니다. 불법에서는 12연기를 끊어서 성불하는 것이 최고의 목표이기는 하지만 중생으로서는 매우 어려운 일이기 때문이 차선책으로 12연기를 역으로 이용하는 방법이 부처님과 인연을 맺고 그 인연으로 극락이라고 표현하는 서방정토에 가는 것입니다. 불교도 종교이기 때문에 조금만 수행을 하면 어떤 형태로든지 종교적인 체험이 나타납니다. 그런 종교적인 체험을 한번이라도 하고나면 부처님의 말씀에 어떠한 의심도 발생하지 않지만 그 체험이 없는 경우라면 믿음으로 가야하기 때문에 항상 의심이 마음 한구석에 남게 됩니다. 하지만 죽음이라는 것이 단지 시간과 공간을 점유하고 있다가 없어지는 것뿐이라는 것을 인식하면 생사가 둘이 아닌 불이(不二)를 알게 됩니다.

　따라서 죽음을 두려워할 것이 아니고 그동안 자신이 행한 일, 즉 업(業)을 생각해야하고 피치 못하게 쌓았던 악업은 참회를 통하여 업장(業障)을 녹여야합니다. 불교에는 신구의(身口意) 3업이 있다. 몸으로 지은 업, 말로 지은 업, 생각으로 지은 업입니다. 부처님은 신구의(身口意)의 세업 중에서 의업을 가장 중요하게 말씀하셨습니다. 따라서 축원을 하는 것이 선업을 쌓기에 최고이고 참회가 악업을 녹이는데 최고입니다.

　불교의 자비(慈悲)에서 자(慈)는 모두가 행복하기를 기원하는 마음입니다.

자비란 부처님에게는 중생을 구원하여 주시는 마음이고 중생에게는 모든 중생이 행복하기를 축원을 하는 마음입니다. 비(悲)는 중생이 고통에서 벗어나기를 바라는 마음입니다. 이 역시 부처님에게는 중생구제이고 중생에게는 축원입니다. 한마디로 축약하면 불교인의 마음자세는 축원과 참회입니다. 이것을 통하여 자신의 악업을 녹이면 아뢰야식에 저장되는 업(業)이 바뀌고 업이 바뀌면 12연기에 따라 당연히 세상이라고 인식하는 명색(名色)이 바뀝니다. 아직 중생인 우리는 악업보다는 선업을 쌓아야 하고 어쩔 수 없이 지은 악업은 참회를 통하여 업장을 녹이고 아미타불에 의지하여 부처님의 위신력으로 서방정토에 가는 것입니다.

부처님에게는 신(神)도 보살(菩薩)도 없지만 중생에게는 참회가 지장보살이고, 자비심이 관세음보살이고, 지극 정성의 믿음이 아미타부처님입니다. 이를 조금만 시행하면 죽음이라는 것이 그리 대단한 일이 아니고 그저 육체를 벗는 작업일 뿐이라는 것을 종교적 체험을 통하여 알 수 있을 것입니다. 그것을 부처님의 가피라고도 하고 감응이라고도 합니다. 아기가 울어야 젖을 주듯이 중생이 구원을 요청하는 것이 감이고 부처님이 자비가 응입니다. 따라서 타인은 축원하여주고 자신의 악업을 참회를 하는 자비행을 하면 죽음이라는 막연한 두려움에서 벗어 날수 있습니다. 부디 자비행을 통하여 보살의 길을 걸으며 생사(生死)라는 2분법에서 벗어나길 기원합니다.

나무관세음보살

제2장

임종과정에 있는 환자와 보호자가 생각해야 할 사항

조계사 극락전
아미타 부처님, 지장보살님, 관세음 보살님

임종과정에 있는 환자와 보호자가 생각해야 할 사항

1. 불자환자와 보호자가 알아야 할 임종 1~2주 전

　말기환자는 임종 약 1달 전부터는 일상생활이 아닌 환자 본인이 원하는 가족여행이나 가족결혼 참석 등을 하기가 힘들어질 수 있습니다. 그러므로 미리 말기환자 본인과 보호자들이 원하는 일을 하고 유언, 재산정리와 장례방법 등을 의논하고 결정하는 것이 좋습니다.

　임종의례는 죽음이 임박한 환자나 임종 바로 직후 고인이 편안하게 극락에 이르도록 가족과 스님, 불제자 등이 행하는 의례입니다. 임종을 앞둔 상황의 말기환자는 평소 염불 수행하신 불자들도 육체적, 정신적 고통으로 임종정념을 유지하고 염불하기가 어려운 경우도 있습니다. 특히 임종이 가까워지면 의식이 흐려져서 더욱 힘들게 되기에 가족과 도반들의 조념염불이 더욱 필요합니다. 조념염불은 임종자의 염불심을 도와서 극락왕생으로 이끄는 것으로 특히 임종자가 믿고 의지하는 가족의 조념염불은 영향력과 효과가 큽니다.

　환자와 보호자 모두 남은 시간이 얼마인지에 대한 여명을 알고 싶어합니다.

남은 시간을 지혜롭게 의미 있게 보내고 싶기 때문입니다. 말기 암환자의 경우에는 통증, 전신권태감, 식욕부진, 불면, 불안 등에 시달리며 잔여생명인 여명은 환자의 보행, 활동 수준과 질병정도, 경구섭취 정도, 의식 등에 의해 예측됩니다. 그러나 현재, 의료진이 환자의 여명을 정확하게 예측하기는 어렵습니다. 또한, 임종이 가까워지면 생기는 환자의 의식저하와 환자에 따라 패혈증, 출혈, 혈전 등에 의한 급변이 생길 수 있어 환자와 의사소통에 대한 문제가 발생되고 임종이 빠르게 진행 될 수 있습니다. 그러므로 환자가 앞으로 의식이 없을 수도, 급변으로 예상하지 못한 임종을 빠르게 맞이할 수 있음을 보호자와 도반들은 알고 있어야 합니다.

♣ 임종정념이란 불도를 닦는 사람이 죽을 때 마음을 어지럽히지 아니하고 왕생을 믿어 의심하지 않고, 임종 시 '탐·진·치' 삼독(三毒)의 나쁜 생각이 나타나지 아니하고 오로지 보리심(菩提心)에 머무는 일입니다.

경국사 극락보전, 목각아미타여래설법상
아미타부처님, 대세지보살님, 관세음보살님
(후불) 아미타부처님 좌우에 아미타 8대 보살님

<환자의 마음가짐>

* 부처님께서도 죽음의 중요성을 말씀하셨습니다. 생에 대한 집착보다는 부처님을 생각하고 참회하며 보시하는 등의 정리가 중요합니다. 환자의 생명, 남겨진 가족과 재산 등에 대한 애착과 집착을 뒤로 하고 오직 부처님의 자비광명을 생각합니다.
* 임종이 가까워지면 환자는 불안과 두려움, 통증에 대한 걱정이 큽니다. 따라서 임종과정이 부처님의 자비광명 속에 함께 하길 간절히 기도합니다.
* 임종 순간을 오롯하게 부처님의 자비광명 속에 있기 위해서는 환자가 의식이 있을 때 미리 유언을 남깁니다.
* 대부분은 보호자가 의료진과 함께 환자의 상태를 살피고, 병원의 법사 스님이나 재적사찰의 스님께서 오셔서 불교적 임종에 대한 말씀이나 병상의례, 임종의례를 해 주시길 청합니다. 이런 상황이 되면 환자는 마음을 열어 집중합니다.
* 말기 환자일 때 불안한 마음으로 개종을 하는 경우가 있습니다. 특히 환자의 의식이 혼미해질 때, 환자의 동의 없이 타종교를 믿는 가족에 의해 개종하는 사례가 있습니다. 미리 불자로 남고 싶다는 유언, 장례 계획과 49재 등에 대해 보호자, 스님과 도반들과 이야기하는 것이 좋습니다.
* 환자는 참선, 염불, 사경, 독송 등 여러 방법으로 불교를 공부하고 신행생활을 해왔을 것입니다. 주변의 이야기로 평생 해 오셨던 염불이나 기도 방법을 바꾸는 것은 좋지 않습니다. 그리고 평소에 기도나 염불을 하지 않았던 불자님은 '나무아미타불' 염불을 합니다. (임종 최소 1개월 전부터는 환자의 상황에 따라서 임종 즈음의 기도방법과 조념염불에 대한 결정을 환자를 중심으로 보호자, 스님과 도반들과 함께 하는 것이 중요합니다.)

* 나무아미타불을 염불할 때는 신·원·행을 통해 극락왕생이 됨을 굳게 믿기 바랍니다. 신(信)은 아미타부처님의 48대 서원에 의해 극락왕생하는 것과 아미타 부처님과 보살님께서 임종 시에 마중 나와 주신다는 것을 믿는 것입니다. 원(願)은 서방세계에 극락왕생한 후, 무생법인을 증득하여, 다시 사바세계로 돌아와 일체중생을 제도하겠다고 하는 바람(願)이며, 행(行)은 나무아미타불을 입과 마음으로 명료하게 염하며 귀로 듣는 것입니다.
* '안·이·비·설·신' 5개의 감각 중 촉각과 청각이 가장 늦게까지 남습니다. 의식이 없어지더라도 염불을 놓지 않겠다는 결심과 가족과 도반이 해주는 조념염불을 따라 해서 끝까지 부처님의 자비광명을 생각하겠다고 결심합니다.
* 평소에 기도할 때 쓰던 염주, 경전 등을 주변에 갖다놓고 오디오와 이어폰 세트를 통해 나무아미타불 정근, 아미타경, 금강경 등의 독경을 들으면서 부처님을 믿는 마음을 굳건히 하고 마음의 정념(正念)을 유지합니다.
* 간병은 매우 어렵고 공덕 또한 매우 큽니다. 간병해준 보호자와 간병인, 도반들에게 고마움을 표현합니다.
* 환자는 그동안 가족으로, 사회인으로, 불자로 열심히 살아 오셨습니다. 현재 정신적, 육체적 고통이 있더라도 힘든 여건 속에서 씩씩하게 살아온 자기 자신을 칭찬해 줍니다. 잘 살았다는 생각과 잘한 일들을 떠올립니다. 온 마음으로 부처님을 생각하고 감사로 마음을 채웁니다. 나아가 다음 생에는 보살도를 이루기를, 성불하기를, 열반을 이루기를 기원합니다.

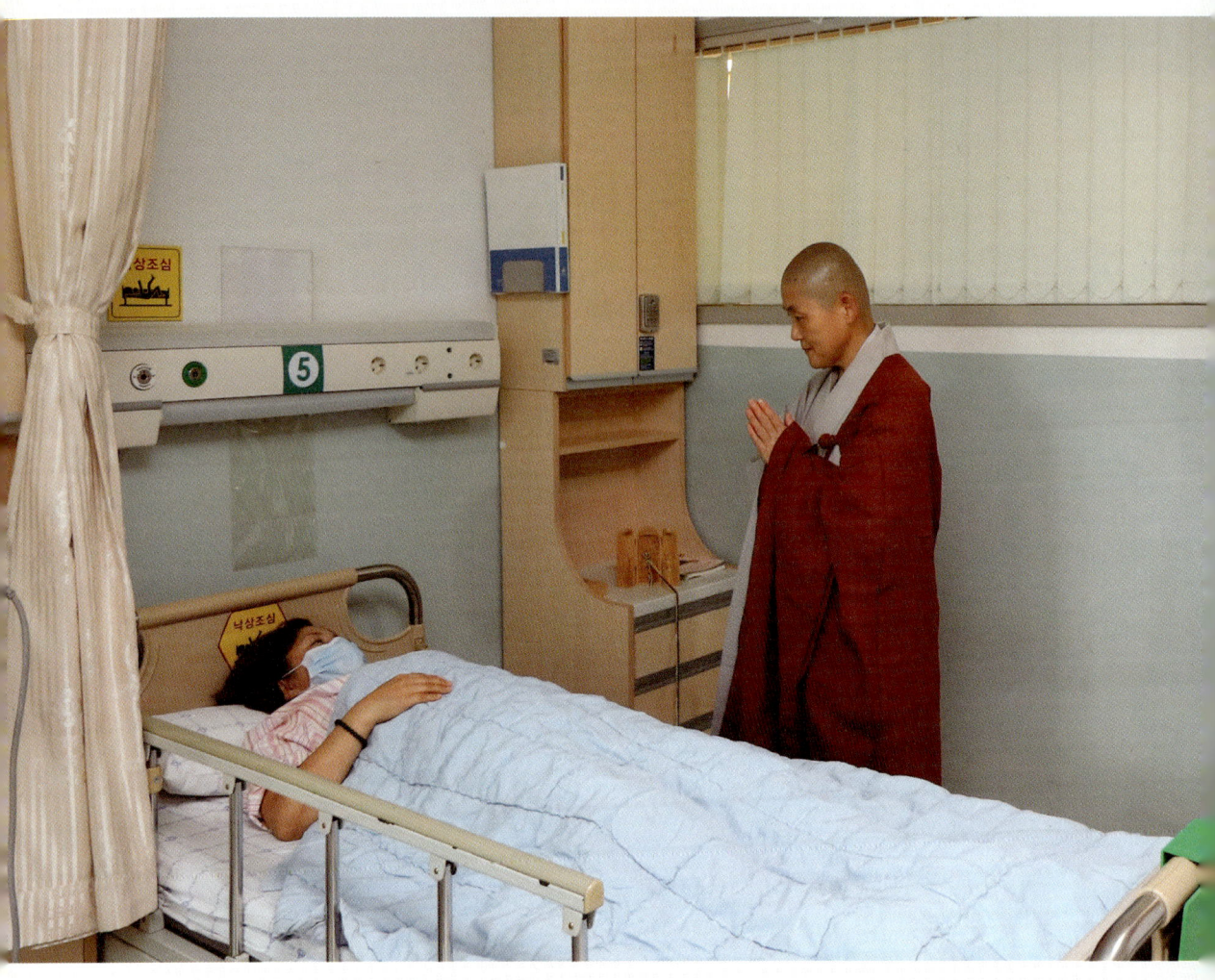

임종의례
불교여성개발원 생명존중운동본부 사전연명의료의향서 상담사로 활동 중인
진여스님

<보호자의 준비>

* 수행의 공덕 등으로 죽음을 잘 수용하는 경우를 제외하고는, 임종을 앞 둔 환자의 불안과 두려움은 매우 큽니다. 그러므로 보호자 스스로의 슬픔은 잠시 뒤로 밀어놓고 모든 초점을 임종을 앞둔 환자에게 집중합니다.
* 보호자가 환자의 임종 후 느끼는 상실감을 줄일수 있는 것은 다음 2가지가 중요합니다.
  첫 번째는, '환자가 얼마나 존엄하고 편안하게 임종하였는가?'이고, 다음은 '내가 최선을 다해 환자를 돌봐드렸는가?'입니다.
* 일반적으로 바쁜 보호자의 경우, 간병을 다른 분에게 맡기는 경우가 많지만 임종이 얼마 남지 않은 경우는 간병에 직접 참여하는 것이 말기환자와 보호자 모두에게 도움이 됩니다.
* 의료진에게 환자의 변화되는 상황을 질문하고 가족들이 원하는 것을 이야기 합니다.
* 우선 환자를 안심시키고 위로하여 드립니다. 환자의 선행집(불교적 선행으로는 기도, 염불, 불사, 도반들과의 활동 등)을 만들어 읽어드려도 좋고 환자가 가족으로, 사회인으로 고맙고 잘한 점을 이야기하여 분명히 좋은 곳(예: 극락왕생을 할 수 있음)에 갈 수 있음을 이야기해 드립니다.
* 만약 의식이 없더라도 청각은 계속 유지된다는 생각으로 부드럽게 이야기해 드립니다. 부처님의 자비광명 속에 환자의 임종이 신체적, 정신적으로 고통 없이 원만하기를 기도해 드립니다.
* 환자와 스님과 도반이 함께 의논하여 염불을 간절히 권하며, 세속의 모든 걱정을 잊고 오직 한마음으로 염불해 드릴 것이니 같이 염불에 참여할 것을 권합니다. 앞으로 환자의 의식이 없어지더라도 계속 함께 염불할 것을 말씀드립니다.

* 염불 소리는 너무 크지도 작지도 않게 해야 합니다. 너무 소리가 클 경우 환자가 고통을 느낄 수 있습니다. 그러나 분명히 환자의 귀에는 들려야 합니다.
* 보호자는 임종이 가까워오면 환자가 나빠짐을 느낄 수 있습니다. 이때 의료진과의 상담을 통해 여명이 얼마 남지 않았을 때에는 병원의 지도법사 스님이나 재적사찰 스님 등께 부탁하여 환자가 말기를 모르면 병상의례, 말기를 알고 있으면 임종의례를 고려하여 환자에게 부처님의 말씀을 들려드립니다. 거부감을 느끼는 환자에게는 여러 번에 걸쳐서 조금씩 들려 드립니다. 그러면 고통 속에 있던 환자의 어두운 얼굴이 스님의 법문과 임종의례를 통해 환하게 변하는 것을 볼 수 있습니다.
* 임종의례는 보통 임종 1~2일 전에 받지만, 환자의 급변이 올 수 있기 때문에 임종 1~2주 전에 미리 받을 수도 있습니다. 병원의 법사스님이나 재적사찰의 스님을 모시고 계를 받는 것이 우선이고 원칙입니다. 그러나 상황이 여의치 않다면 가족이나 도반 중 환자와 인연이 깊고 신심이 좋은 재가불자를 모셔 임종의례를 진행할 수도 있습니다.
* 임종의례가 환자의 상황이나 여건으로 여의치 않을 경우에는 환자와 함께 조념염불만을 일심으로 합니다.
* 간병을 하는 보호자는 환자가 화를 내더라도 환자가 일상적 상태가 아니고, 몸과 마음이 고통으로 인해 힘든 상황임을 이해하고 자비심으로 대해 드립니다.
* 임종을 정확하게 예측하기는 어렵기에 예측이 벗어나고 시간이 길어지면 환자의 고통이 가중됩니다. 이 때 보호자들은 좋은 마음으로 환자가 고통 없이 빨리 임종하기를 바랄 수도 있습니다. 그러나 이것은 옳지 않습니다. 이러할 때일 수록 일념으로 환자의 극락왕생을 위한 기도해야 합니다.

* 환자가 늘 하던 염불과 경을 비치해 놓고 오디오와 헤드셋 등을 통해 들려 드립니다.
* 환자분이 삶의 정리를 위해 용서받을 사람과 용서할 사람에게 전화하거나 만날 수 있도록 도와드립니다. 그러나 환자의 평정심이 유지되지 못해 화를 낼 상황을 만들지 말아야 합니다.
* 환자에게 여쭈는 마지막 말씀, 유언, 재산관계, 장례, 49재 부분들은 임종 순간이 아닌 임종 전, 의식이 있을 때 논의합니다.
* 환자와 보호자가 다른 종교를 갖고 있더라도 환자에게 보호자의 종교를 강요하는 것은 환자에게 혼란을 야기 시킵니다. 환자의 자기결정은 호스피스에서 중요하게 생각하는 부분 입니다. 개종보다는 환자가 평생의 믿음 속에서 편하게 임종을 맞도록 도와드리는 것이 좋습니다.
* 도반과 친지들이 문병할 때, 말기 환자에게 "얼굴색이 좋아졌다, 병에 차도가 있다"는 등의 하얀 거짓말은 환자에게 삶의 집착을 유발시킬 수 있어 말기환자에게 도움이 되지 않습니다. "부처님의 자비광명이 있을 것이다. 선하게 사셨고 선업을 지으셨다. 같이 기도해 드리겠다. 남은 가족과도 계속 좋은 관계를 유지할 것이다."등의 이야기가 환자에게 도움이 됩니다.
* 임종을 앞두고 있는 말기 환자들에게 보호자가 감정의 격동을 보이고 심한 울음은 도움이 되지 않습니다. 보호자와 문병인은 병실 문 앞에서 마음을 추스르고 안정된 상태에서 환자를 만나 뵙는 것이 좋습니다.

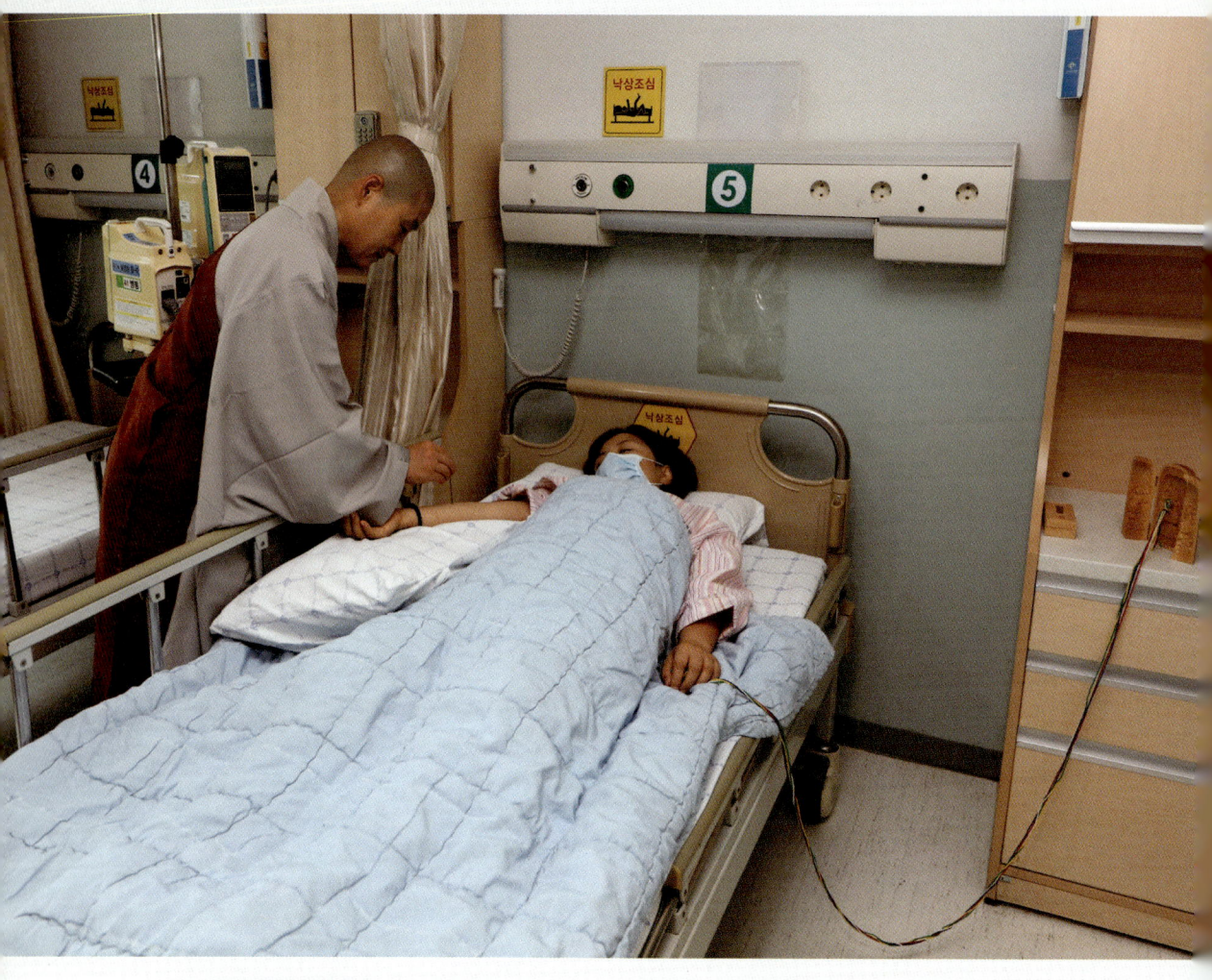

임종의례 중 연비
아미타삼존불 불감에서 부처님의 손과 환자의 집게손가락을 오색실로 연결하여 부처님의 자비광명을 느끼게 합니다.

2. 임종 1~2일 전과 임종 순간

　임종이 가까워지면 환자 상태와 의료진의 결정으로 환자를 임종방으로 옮깁니다. 호스피스기관에는 임종 방이 있고 일반병원이라면 환자와 보호자가 오롯이 함께 할 수 있는 1인실로 옮기는 것이 좋습니다. 그동안 호스피스·완화의료가 있기 전에는 대부분의 환자는 병동의 처치실이나 중환자실에서 임종하셨습니다. 환자와 보호자의 상황에 따라 다르지만 보통은 약 3~4일간 임종 방에 머물게 됩니다. 평소에 직장 등으로 환자분과 멀리 떨어져 지낸 경우 보호자의 상실감이 매우 큽니다. 이럴 경우에는 보호자가 말기환자분과 임종 방에서 더 오랜 기간 마지막 시간을 온전히 보내는 것이 도움이 될 수 있습니다.

　불교에서는 임종 전후를 일생에서 가장 중요한 시기로 봅니다. 임종 때 어떤 마음을 지니느냐에 따라 내세가 달라진다고 보고 "임종의식이 내생의 재생의식이다."라고 표현합니다. 불교의 윤회적 관점으로 보면 마지막 최후의 마음과 생각이 다음 생의 최초의 마음과 생각으로 이어지므로 임종 때 정념을 유지하고 부처님의 자비광명 속에 임종하는 것이 중요합니다. 임종 때 나무아미타불을 염불하는 이유는 바르고 선한 마음을 일으키고 지성껏 염불하면 아미타 부처님의 구제 원력인 48대 서원에 의한 타력과 임종자의 스스로의 자력이 합쳐져 극락왕생이 된다는 믿음 때문입니다. 임종방에서는 오디오를 통해 환자가 의식이 있을 때 이야기 나누었던 염불이나 평소에 자주하셨던 염불을 들려 드립니다. 일반적으로 임종 전에 많이 하는 염불(나무아미타불 정근, 광명진언…), 독경(아미타경, 금강경…), 찬불가를 들려주는 것이 도움이 됩니다. 보호자와 도반의 간절한 조념염불이 또한 큰 도움이 됩니다.

임종 1~2일 전 환자는 거의 무의식 상태입니다. 무의식 상태라도 청각은 살아 있다고 보고 조념염불을 합니다. 가족적인 분위기를 조성하며 환자를 대화에 포함시킵니다. 간병을 할 때도 "입술에 물을 적셔 드릴게요."라고 이야기하고 해드립니다. 환자에게 보호자가 늘 곁에 있다고 말씀드려 안심시켜 드리는 것도 중요합니다.

불교에서의 죽음은 심장이 멈추는 의학적 죽음에 더해서 식(識)이 몸을 떠 날 때로 봅니다. 제7식과 제8식인 말라식과 아뢰야식은 임종 후 짧게는 20~30분, 길게는 24시간까지 남아 있습니다.

임종이 가까워오면 대부분 혼수상태로 들어가며 심한 섬망을 보였던 환자는 말기진정치료를 받을 수도 있습니다. 환자의 질환과 합병증에 따라 차이는 있지만 숨을 가쁘게 몰아쉬는 비정상적인 체인스톡 호흡을 보이거나 가래가 끓는 소리가 나는 사전천명 소견을 보입니다. 손발이 차가워지고 피부에 청색증을 나타냅니다. 보통은 혈압이 떨어지며 항문이 열려 실금되는 소견을 보입니다.

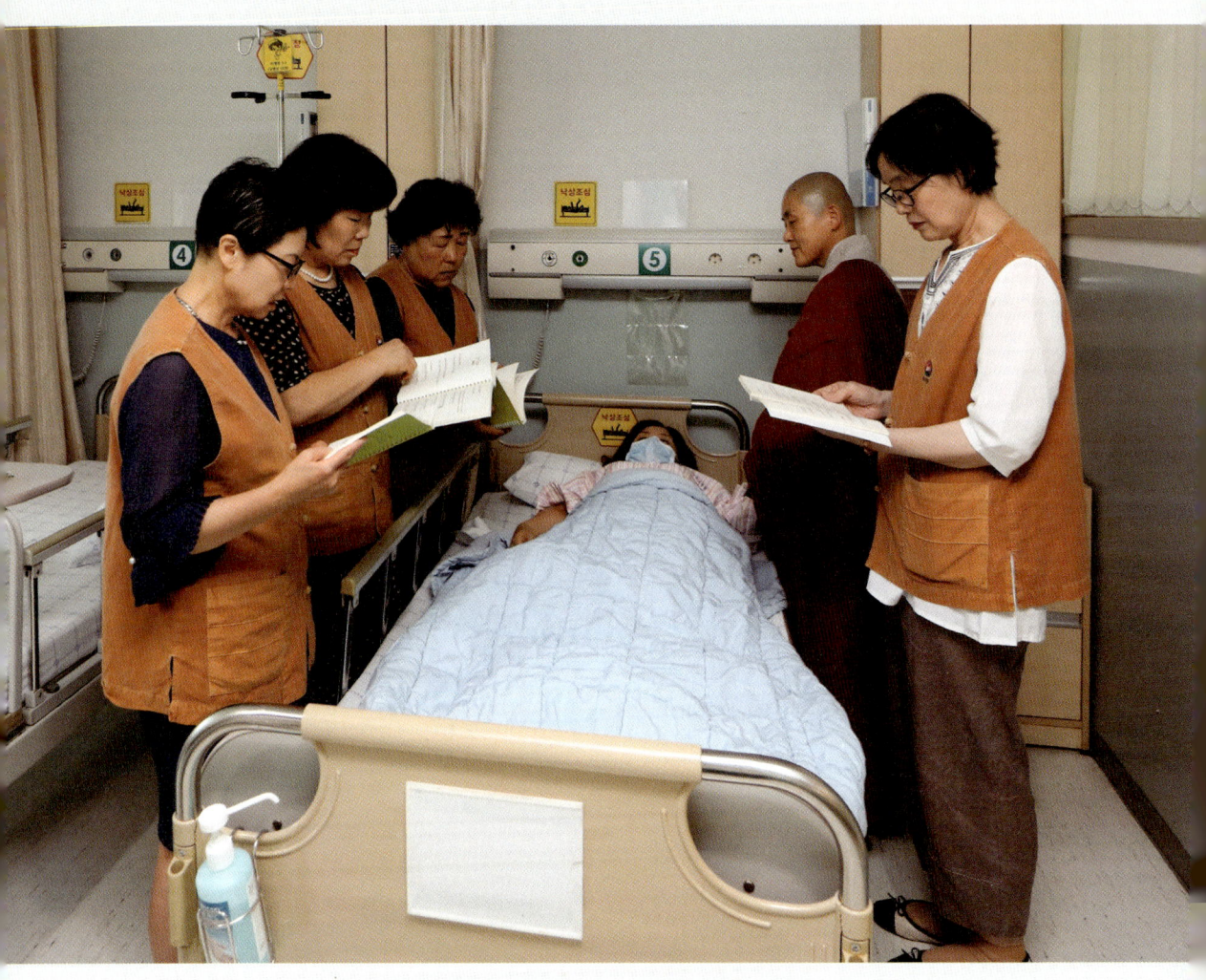

임종의례 중 불교봉사자들이 스님과 함께 하는 아미타경 독경

<임종이 임박한 환자의 마음가짐>

* 의식이 있을 때는 일심으로 염불하여 극락왕생을 할 수 있음을 믿고 임종시에 아미타 부처님, 관세음보살님과 대세지보살님께서 나를 맞이해 주신다는 믿음을 확고히 합니다.
* 스님과 임종의례를 진행할 경우 마음을 열고 스님의 말씀에 집중합니다.
* 의식이 남아 있을 때, 의식이 없어지더라도 염불심을 놓지 않겠다는 결심을 하고, 오디오에서 나오는 염불이나 보호자와 도반들의 조념염불을 가슴에 새기고 따라할 것을 결심합니다.
* 간혹 임종 전에 나쁜 현상이 보이면 더욱 더 진실한 마음으로 염불하는 것이 중요합니다.
* 늘 함께 하던 염주와 경전을 머리맡이나 주변에 둡니다.

♣ 임종 환자에서 가장 늦게 까지 남아 있는 감각이 청각으로 불교 상장례 책과 인광대사의 임종삼대요에서는 임종 후에 울지 않고 계속 돌아가신 분께 도움이 되는 이야기와 염불을 해드리는 것이 도움 된다고 하고 있습니다. 타종교의 임종에서도 임종 후 2시간까지도 보호자에게 위로 되는 말을 하게 하는 것을 경험하였습니다. 과학적으로 접근해 보면, 죽은 동물의 청각세포가 2시간까지 산다는 연구결과가 있습니다. 청각세포만 살아 있다고 들을 수 있다는 것은 성립되지 않지만, 임종 즈음의 임종자의 청각에 유의하고 위로하는 말과 조념염불의 중요성을 다시금 되새기게 됩니다.

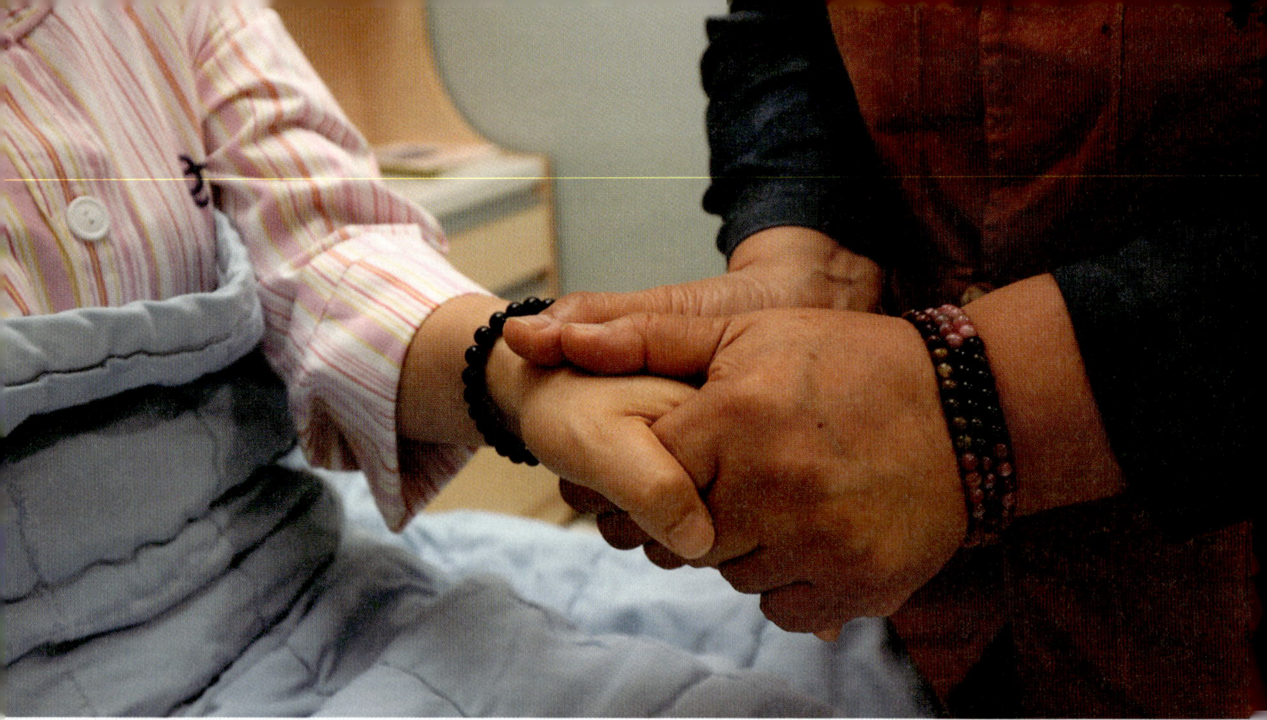

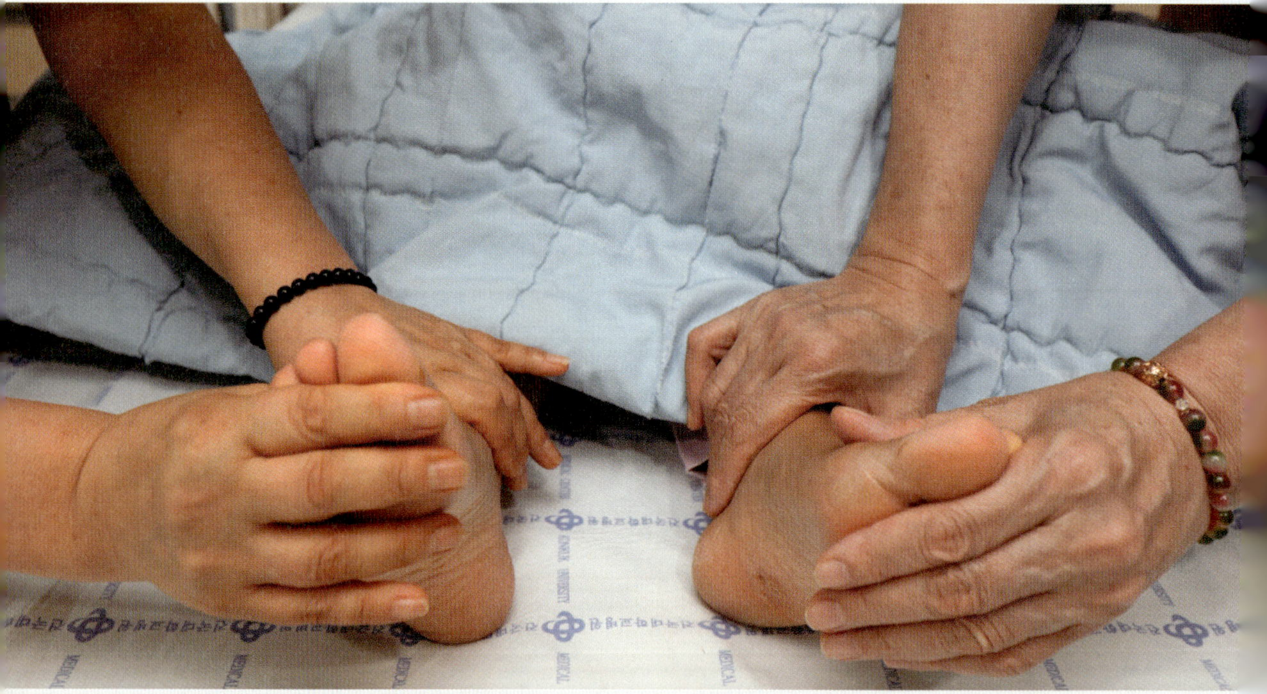

환자와 불자봉사자의 마음과 마음

<임종이 임박한 환자의 보호자가 할 일>

* 임종방은 밝고 청결한 상태로 유지합니다.
* 임종기에서 중요한 목표는 환자의 편안한 죽음입니다. 불필요한 의학적 개입은 피합니다.
* 일반적으로 임종방에는 오디오가 비치되어 있습니다. 계속 염불이나 독경을 들려드립니다. 임종자가 내세에도 불법을 만나도록 해드리는 것이 보호자의 중요한 역할입니다.
* 임종의례가 예정되어 있으면 스님을 모시고 삼존불(아미타불, 대세지보살, 관세음보살)에서 아미타부처님의 손과 임종자의 왼쪽 집게손가락을 오색실로 연결합니다. 임종자에게 부처님의 가피를 느끼게 하여 편안한 마음을 줄 수 있습니다.
* 임종 전 목욕과 옷을 갈아입히는 것과 환자의 자세와 방향은 상황에 따릅니다. 환자의 자세는 부처님께서 열반에 드실 때처럼 머리를 북쪽으로 하고 극락정토를 상징하는 서쪽을 바라보도록 하는 것도 좋으나 환자가 자세 변경 등으로 고통을 느낄 수 있기 때문에 상황에 따릅니다.
* 임종 시 어느 경우에는 환자분이 힘을 내셔서 눈을 뜨기도 합니다. 이것은 초가 꺼지기 전 한번 크게 밝아지는 것으로 이야기 할 수도 있는 것으로 의학적으로도 여러 가설이 있습니다. 이때 여러 질문을 하는 대신 위로의 말씀과 염불을 해드립니다.
* 임종까지 계속 안심하고 위로하는 말을 들려드리는 것이 좋습니다. '정말 애쓰셨습니다. 잘 견디셨습니다. 좋은 부모님이셨습니다. 부처님의 자비광명이 함께 합니다. 극락왕생 하십시오.' 등으로 말씀드립니다.

* 임종 직전에 심전도 파형 등의 모니터를 보고 듣는데 집중하지 말아야 합니다. 오직 임종자에게 집중하며 최후의 순간까지 기도와 염불을 해드립니다.
* 호흡정지, 심정지, 눈의 빛에 대한 반사의 소실과 함께 심전도 상으로 임종이 선언되면 주 보호자는 임종자에게 임종됨을 조용히 알려드립니다.
* 임종에 따른 보호자의 슬픔으로 크게 울거나 임종자를 흔드는 것은 좋지 않습니다. 위로의 말씀과 조념염불을 계속합니다.
* 병원에 미리 요청하여 임종 후 바로 영안실로 가지 않고 일정시간 조념염불을 할 수 있도록 미리 알아봅니다.
* 보호자들은 염불을 빈소에서도, 입관과 염 할 때와 화장 할 때 까지 계속하며 울지 말고 고인의 극락왕생을 위하여 염불하고 경을 읽어드립니다.

♣ 2011년에 대한불교조계종 포교연구실에서 출판된 "불교 상제례 안내"를 참조하였습니다.

♣ 임종 즈음에 환자와 보호자의 마음가짐과 해야 할 일에 대한 것은 평소 염불수행을 하였거나 특별히 수행하지 못했던 분들에게는 적합하고 익숙하다고 생각됩니다. 평소에 염불수행을 했더라도 말기환자가 되고 임종을 맞이할 때까지는 여러 가지 고통을 겪고 경황이 없어서 허둥거리게 되어 준비 없는 임종이 될 수 있습니다. 그러므로 맞이하는 죽음 교육과 준비가 필요합니다.

평소, 염불이 아닌 다른 수행을 열심히 했던 분들은 이 책을 보고 나의 임종 순간을 생각하여 어떤 생각과 준비로 부처님 자비광명 속에 임종할 수 있는지에 대한 이야기를 보호자와 나눠보고 결심하는 계기가 되기를 기원합니다.

또한 나이가 연로한 부모님이 계시다면 부모님과 임종 때 어떤 방법으로 부처님 자비광명 속에서 부모님이 임종하실 수 있는지에 대한 이야기를 부모님과 미리 나누길 간절히 기원합니다.

제3장

임종의례

수월암 극락보전, 반야용선
임종자들이 반야용선을 타고 지장보살님과 인로왕보살님의 안내와 설법을 듣고 가고 있고 아미타부처님께서 마중 나와 계십니다.

임종의례

　죽음이 임박한 환자나 임종 직후, 고인이 편안하게 극락에 이르도록 가족, 스님과 도반 등이 행하며 부처님의 가피력으로 극락세계에 이르도록 하는 의례입니다. 불교에서의 죽음은 의학적 죽음에서 나아가 식(識)이 몸을 떠 날 때로 보며, 식(識)은 의학적인 사망 선고 이후에도 짧게는 20~30분에서 길게는 하루 동안 몸에 남아 있는 것으로 봅니다. 고인이 임종 후에도 두 시간 정도는 병실에서 계속 보살피면서 염불을 해드립니다. 임종의례는 환자가 말기임을 받아 드리는 순간부터 임종 전에 시행 할 수 있으며 나아가 장례 빈소를 차리기 전까지는 가능합니다. 이후에는 시다림을 시행합니다. 임종 전 환자가 말기를 알지 못하거나 말기임을 받아들이지 못했을 때는 병상의례를 진행합니다. 임종의례는 스님이 집전하는 것이 우선이므로 말기환자의 임종 전에 스님과 의논하여 진행하는 것이 좋습니다.

1. 스님이 집전할 때

* 삼귀의 – 반야심경 – 수계 – 법문 또는 독경 – 염불 – 극락세계발원문 – 사홍서원으로 진행됩니다.
* 수계는 임종의례의 핵심으로 임종자가 부처님의 가르침에 귀의 할 것을 서약하는 것으로 이미 계를 받았더라도 다시 받는 것이 좋습니다.
* 수계의 순서는 삼귀의와 오계를 주고 이때 수계자가 대답하는 부분에서 보호자가 대신할 수 있습니다.
* 연비는 불붙지 않은 향으로 남자는 왼팔, 여자는 오른팔에 참회진언을 외우면서 받습니다.
* 환자 곁에 불감을 이용하여 부처님의 집게손가락과 환자의 집게손가락을 오색실로 연결하여 부처님의 가피가 직접 드리움을 환자가 느끼게 합니다.
* 수계의 순서에서 법명이 없는 경우 법명을 줍니다.
* 임종 후에 행해지는 임종의례의 경우에는 삼귀의와 수계 대신 무상계를 줍니다. 무상계는 영가에게 무상의 도리를 깨달아 부처님 나라에 인도하는 의미를 지닙니다.

2. 재가불자가 집례할 때

* 스님을 모시지 못할 경우에는 재적사찰에 수계증을(전화, 메일, 우편 등) 신청하고 받습니다. 재가불자가 수계를 포함하여 임종의례를 주도 할 수 있습니다.
* 순서는 '삼귀의 – 반야심경 – 수계 – 독경(아미타경, 금강경 등. 오디오 이용 가능) – 나무아미타불 염불 – 극락세계발원문 – 사홍서원' 순입니다.
* 상황이 급박하다면 나무아미타불 염불만 하는 것으로 간소화시킬 수 있습니다.

♣ 임종의례는 대부분 말기환자의 상태가 임종에 가깝게 변함에 따라 보호자가 주치의사와 상담 후 이뤄집니다. 보호자들이 재적사찰의 스님이나 병원법당 스님께 부탁드리고 행해집니다. 스님의 법문과 임종의례를 통해 어둡고 힘들었던 환자의 얼굴이 환하게 변해 옴을 봅니다. 집착을 버리고 마음속으로 갈 곳을 정했기 때문 일 것입니다. 이어 편안한 임종을 맞이합니다.

3. 빈소의례 중 수계의례 및 경전 독송

* 빈소에 영단을 차리고 처음 올리는 예불의식입니다. 유족이 참석한 가운데 부처님께 영가의 극락왕생을 기원하는 염불기도를 드립니다.
* 영단에 위패와 영정을 모시고 육법공양물을 갖추고 상주가 초에 불을 붙이고 향을 피웁니다. 차를 올린 후 다함께 3배를 올립니다.
* 천수경이나 천수다라니 1~3편을 독송하고 스님이 계실 경우에는 오방의 다섯 부처님을 모시고 오방례 예불을 올립니다.
* 무상계를 독송합니다. 이때 무상계는 현실의 집착이 헛된 것이므로 불법승 삼보께 귀의하여 극락세계에 들어서는 중요한 문으로 정성껏 해 드립니다.
* 아미타경이나 금강경 등의 경전을 독송합니다.
* 나무아미타불 염불을 합니다.
* 왕생발원문을 읽습니다.
* 상황에 따라서는 오방의 부처님께 삼배 후에 나무아미타불 염불만 할 수도 있습니다.

4. 염습과 입관 염불

* 염습과 입관은 임종자의 몸을 씻기고 수의로 갈아입힌 후 관에 모시는 일련의 절차입니다.
  매 단계 마다 부처님의 가르침을 들려주어 생전의 인연에 얽매이지 않고 피안의 세계로 인도해 주는 중요한 의식입니다.
* 장엄염불을 하여 임종자의 극락왕생을 기원합니다. 보호자, 유족들은 나무아미타불을 극진히 염불하면서 임종자의 극락왕생을 간절히 기원합니다.
* 스님을 모시는 것이 좋고 염불봉사단에 부탁할 수도 있습니다.
* 만약 보호자만 있을 경우에는 오직 나무아미타불을 염불하거나 아미타경, 금강경을 독송하며 임종자의 극락왕생을 기원합니다.
* 이때도 오직 임종자의 극락왕생을 생각하며 슬피 울지 않습니다.

5. 화장(火葬) 염불

* 불교에서는 화장(火葬)을 다비라고 표현합니다.
* 스님을 모셨으면 스님의 지도하에 화장의식을 진행합니다. 보호자, 유족께서는 또한 가장 중요한 것이 임종자의 극락왕생이므로 나무아미타불 염불이나 임종자가 즐겨 읽었던 경전을 지성껏 독송해 드립니다.

♣ 2011년 대한불교조계종 포교연구실에서 출판된 불교 상제례 안내를 참조하였습니다.

제4장

말기환자와 보호자가 불교적으로 점검할 질문과 답변

환자와 보호자가 불교적으로 점검할 질문과 답변

♣ 불교적 질문과 답변을 읽다 보면 임종 즈음에 환자와 보호자가 준비하고 할 일에 대한 결정이 뚜렷해질 것으로 생각됩니다.

질문 1. 부처님께서는 왜 출가하시게 되었는가요?

✽ 인간의 고통인 생·노·병·사를 보시고 왕자의 신분을 버리고 출가하셨습니다. 불교가 인간의 고통 해결을 중요시 하듯 임종은 한 개인의 죽음이 아니라 재적사찰과 스님, 도반들이 함께 하는 불교적 임종문화를 만드는 것이 필요합니다. 임종자가 아름다운 마음과 부처님의 자비광명 속에 임종하는 것을 도와주는 일은 매우 중요합니다. 이것은 호스피스·완화의료의 '임종 직전까지 아름다운 삶을 살기'라는 정신과도 일치합니다.

질문 2. 미타 신앙은 역사적으로 많이 행해지고 알려져 왔습니다. 그럼, 아미타경과 정토삼부경은 무엇인가요?

∗ 미타신앙은 아미타불을 주불(主佛)로 하여 아미타불의 본원력을 믿고 그 힘에 의해 서방정토 극락세계에 왕생하고자 하는 신앙으로, 정토신앙(淨土信仰) 또는 아미타불신앙이라고도 하며, 정토삼부경을 소의경전(所依經典), 근본경전으로 합니다.

정토삼부경은 우리에게 잘 알려진 아미타경 외에도 무량수경, 관무량수경으로 구성됩니다.

질문 3. 무량수경의 법장비구와 무량수경의 내용을 이야기해 주십시오.

∗ 법장비구는 아미타 부처님의 전생이십니다. 법장비구님은 48대 서원을 통해 장엄 불국토인 극락세계에 대한 서원을 세웠습니다.

무량수경에는 극락정토의 발원, 법장비구의 발원과 수행, 법장비구의 48대 서원, 아미타불과 극락정토의 장엄, 극락왕생의 인연(상배, 중배, 하배왕생)에 대한 내용으로 구성됩니다.

질문 4. 법장비구께서 48대 서원을 세우시면서 하신 발심문인 찬불게를 소개해 주십시오.

* 원컨대 나도 부처님 되어 거룩한 공덕 저 법왕처럼 갖추어 끝없는 생사 모두 건지고 온갖 번뇌에서 벗어나지이다.
* 보시(布施)를 베풀어 뜻을 고르고(調意) 계행 지니어(持戒) 분한 일 참으며(忍辱) 끊임없는 정진(精進) 거듭하면 이러한 삼매 지혜(智慧)가 으뜸일세.
* 나도 맹세코 부처님 되어 이러한 원을 모두 행하고 두려움 많은 중생 위하여 편안한 의지처가 되어지고저.
* 가사 수많은 부처님이 계시기를 백 천 만억이나 되며 그 수효 무량하여 항하의 모래보다 많을 지라도. 이렇듯 많은 부처님들은 받들어 섬겨 공양을 한들 보리도를 굳게 구하여 물러나지 않은 것만 같지 못하리.
* 만약에 내가 부처가 되면 국토의 장엄은 으뜸이 되고 중생들은 한결 같이 훌륭히 되며 도량은 가장 수승하리오.
* 이 나라는 영원히 행복하여서 세상에서 둘도 없으며 모든 중생 가엾이 여겨 내가 마땅히 제도하리라.
* 시방에서 오는 중생들 마음이 즐겁고 청정하리니 나의 나라에 오게 되면 쾌락(快樂)하고 안온(安穩)하리라.
* 원컨대 부처님, 굽어 살피사 진실한 저의 뜻을 증명하소서. 저 국토에서 세운 발원 모든 힘을 다해 하리다.
* 시방세계에 계신 모든 부처님 밝으신 지혜 걸림 없으니 저의 마음 저의 수행을 항상 살펴주소서.

질문 5. 아미타 부처님의 48대 서원 중 극락왕생과 연관된 부분은 어떤 것들이 있는가요?

✲ 제 18. 십념왕생원(十念往生願)

제가 부처가 될 적에, 시방세계의 중생들이 저의 나라에 태어나고자 신심과 환희심을 내어 제 이름인 아미타불을 다만 열 번만 불러도 제 나라에 태어날 수 없다면, 저는 차라리 부처가 되지 않겠나이다.

✲ 제 19. 임종현전원(臨終現前願)

제가 부처가 될 적에, 시방세계의 중생들이 보리심(菩提心)을 일으켜 모든 공덕을 쌓고, 지성으로 저의 불국토에 태어나고자 원을 세울 제, 그들의 임종시에 제가 대중들과 함께 가서 그들을 마중할 수 없다면, 저는 차라리 부처가 되지 않겠나이다.

✲ 제 20. 회향개생원(回向皆生願)

제가 부처가 될 적에 시방세계의 중생들이 제 이름인 아미타불을 듣고 저의 불국토인 극락세계를 흠모하여 많은 선근공덕을 쌓고, 지성으로 저의 나라에 태어나고자 마음을 회향(回向)하올 제, 그 목적을 이루지 못한다면, 저는 차라리 부처가 되지 않겠나이다.

✲ 제22. 함계보처원(咸階補處願)

제가 부처가 될 적에, 다른 불국토의 보살들이 제 나라에 와서 태어난다면, 필경에 그들은 한 생(生)만 지나면 반드시 부처가 되는 일생보처(一生補處)의 자리에 이르게 되오리다. 다만 그들의 소원에 따라, 중생을 위하여 큰 서원을 세우고 선근 공덕을 쌓아 일체중생을 제도하고, 또는 모든 불국토에 다니며 보살의 행을 닦아 시방세계의 여러 부처님을 공양하고, 또한 한량없는 중생을 교화하여 위없이 바르고 참다운 가르침을 세우고자 예사로운 순탄한 수행을 초월하여 짐짓 보현보살의 공덕을 닦으려 하는 이들은 자재로 그 원행(願行)에 따를 것이오나, 다른 보살들이 일생보처에 이르지 못한다면, 저는 차라리 부처가 되지 않겠나이다.

질문 6. 관무량수경의 내용은 무엇인가요?

마가다국의 태자인 아자세가 부왕을 유폐시켜 곤란한 처지에 빠진 왕비 위제희 부인이 부처님께 설법을 청합니다. 부처님께서 보여주신 불국정토를 본 후, 위제희 부인은 극락왕생을 기원하게 됩니다. 석가모니 부처님께서 극락왕생을 하려면 어떻게 수행하는지에 대한 16관법을 설하시는 내용입니다. 지는 해, 맑은 물, 보배 땅, 보배 나무, 보배 연못, 보배 누각, 연화대, 불상, 진신, 관세음보살, 대세지보살, 자신의 왕생, 정토의 잡상을 생각하는 관(觀)이 있고 이어 삼배구품 왕생을 생각하는 관(觀)이 나옵니다.

질문 7. 관무량수경에서는 상품상생부터 하품하생까지 내용이 나옵니다. 간략하게 말씀해 주십시오.

* **상품상생**: 지극하게 정성스런 마음, 깊이 믿는 마음 그리고 회향하여 극락왕생에 발원하는 마음으로 극락에 갈 수 있습니다. 자비심으로 살생하지 않고 모든 계행을 구족하게 지키는 사람, 대승 경전 등을 독송하는 사람, 육념을 수행하고 극락왕생에 회향하여 발언하는 사람입니다.

  임종 시 관세음보살은 금강대를 가지고 대세지보살과 같이 오시며, 아미타불께서는 큰 광명을 발하여 수행자 몸을 비추고 모든 보살과 함께 임종자에게 손을 내밀어 영접하십니다. 왕생자는 금강대에 오르게 되고 손가락 한번 튕기는 사이에 극락에 왕생하게 됩니다. 여러 법문을 듣고 무생법인을 깨닫게 됩니다.

* **상품중생**: 대승의 뜻을 알고 깊은 인과를 믿고 대승법을 비방하지 않으며, 이런 공덕을 회향하여 극락세계에 태어나길 원하는 사람입니다. 연화대에 오릅니다.

* **상품하생**: 인과를 믿고, 오직 도를 구하는 마음을 내고, 공덕을 회향하여 극락왕생을 원하는 사람입니다. 금련화 위에 있게 됩니다.

* **중품상생**: 오계와 팔재계를 받아 지키고 오역죄를 범하지 않고 공덕을 회향하여 극락왕생을 원하는 사람입니다.

♣ **오역죄**: 무간지옥에 떨어지는 5가지의 큰 죄(어머니를 죽임, 아버지를 죽임, 아라한을 죽임, 부처님 몸에 피를 냄, 승가의 화합을 깸)

* **중품중생**: 하루 밤과 하루 낮 동안이라도 팔재계를 지키거나, 사미계를 지키거나, 구족계를 지켜서 이러한 공덕을 회향하여 극락왕생을 원하는 사람입니다.

* **중품하생**: 부모에게 효도하고, 세상 사람들에게 어질고 자비로운 행을 하는 사람입니다. 임종 시 선지식을 만나 극락세계의 아름다움과 법장비구의 48대 서원을 듣고 극락세계에 태어나게 됩니다.

* **하품상생**: 여러 악업을 저지르고 뉘우치지 못하는 경우로 임종시 선지식을 만나 대승 12부 경전을 찬탄하는 것을 듣고, 경전의 이름을 들은 공덕으로 천겁의 무거운 죄가 소멸됩니다. 선지식은 임종자에게 나무아미타불을 부르도록 하며 그 공덕으로 다시 50억겁의 죄가 소멸됩니다.

* **하품중생**: 오계, 팔계, 구족계 등을 범하는 경우입니다. 본인의 악업을 뉘우치지 않고 부끄러워하지 않는 사람입니다. 응당 지옥에 떨어져야 하나 선지식을 만나 아미타불의 위신력을 듣고 계정혜와 해탈지견을 듣고 80억 겁의 생사의 죄를 소멸 받게 됩니다.

* **하품하생**: 오역죄와 십악을 지으며 온갖 착하지 않은 일을 행하는 사람으로 응당 악도에 떨어져 오랜 겁 동안 괴로움을 받게 됩니다. 그러나 임종 시 선지식을 만나 임종자를 위로해 주고 설법을 해 주고 나무아미타불을 열 번 부르게 하면 아미타 부처님의 명호를 부른 공덕으로 80겁의 생사의 죄가 소멸됩니다. 임종자가 목숨을 마칠 때에 금색 연꽃을 보게 됩니다.

질문 8. 관무량수경의 삼배구품의 왕생을 보고 우리는 어떤 것을 느낄 수 있는가요?

* 우선 극락왕생은 깊은 믿음과 살아생전에 공덕을 회향하고 극락왕생을 원해야 갈 수 있는 곳이란 것을 알 수 있습니다.
* 극락왕생은 너무나 감사하게도 계정혜를 잘 지킨 사람만이 아니라 업장을 지닌 채 갈 수 있는 곳입니다.
* 객관적으로 죄를 많이 지었다고 생각되는 임종자도 선지식을 만나서 설법을 듣고 나무아미타불을 부른 공덕으로 극락왕생을 할 수 있다는 것입니다.
* 중품하생에서도 선지식이 나오고 하품상생부터 하품하생까지는 임종자 혼자는 가지 못하고 선지식의 도움으로 위로의 말, 경전, 나무아미타불 십념을 통해 극락왕생이 가능함을 알 수 있습니다.
* 임종 시에 스님을 모셔 하는 임종의례의 중요함을 느낍니다. 그러나 상황이 여의치 않는 경우가 많을 수 있습니다. 이럴 때는 보호자와 도반이 선지식이 되어 임종자에게 위로의 말, 아미타경 독경과 나무아미타불 조념염불로 임종자를 극락왕생으로 인도하여야 합니다.
* 극락세계를 만들고 48대 서원을 세우신 법장 비구님께 진심으로 고마움 마음과 나도 48대원의 1/10,000이라도 서원을 세워야 한다는 환희심이 생깁니다.

질문 9. 아미타경의 주요 내용을 말씀해 주세요.

* 부처님께서 기원정사에서 사리불을 상대로 아미타불과 그 국토인 극락세계의 공덕장엄을 말씀하시고 아미타불 명호를 부르면 극락세계에 왕생한다고 설하십니다.
* 극락세계의 공덕장엄을 이야기 하시고 극락세계에 태어난 중생에게는 삼악도가 없고 불퇴전의 아비발치를 성취하고 극락의 많은 사람들이 일생보처에 이르렀다 말씀하십니다.
* 지금 여기 아미타경을 보며 중요한 것은 극락왕생을 발원하는 것이고 이유는 으뜸가는 사람들과 모여 살 수 있기 때문이라 말씀하십니다.
* 아미타불의 설법을 듣고 하루나 이틀 혹은 사흘… 이레 동안 한결 같은 마음으로 흐트러지지 아니하면 아미타부처님과 여러 성중께서 임종자 앞에 나타나시고 목숨이 마칠 때 마음이 뒤바뀌지 않고 바로 극락국에 왕생한다고 말씀하십니다.
* 육방불께서 찬탄하시고 호념하시는 아미타경을 믿으라고 권하는 내용입니다.

♣ 아비발치는 불퇴전을 의미하는 범어.

질문 10. 불교경전에 극락왕생은 어떻게 나와 있는가요?

* 아미타 부처님의 좌우 보처는 관세음보살님과 대세지보살님이십니다.
* 우리에게 친근한 천수경의 여래십대발원문을 보면 "삼악도를 여의고 ~ 극락세계에 태어나서 아미타 부처님을 친견하고 온 세계 모든 국토 몸을 나투어 모든 중생 빠짐없이 건져지이다."라고 되어 있습니다.
* 연지대사 극락왕생발원문을 보면 "극락왕생하고 무생법인을 깨치고 백 천 다라니와 온갖 공덕을 원만성취 후 사바세계에 돌아와 한량없는 분신으로 무량중생 제도하여 깨끗한 마음으로 극락세계 함께 가서 물러나지 않는 자리에 오르려 하옵니다."라고 되어 있습니다.

질문 11. 우리가 극락왕생을 원하는 이유는 무엇인가요?

* 극락에는 지옥, 축생, 아귀의 삼악도가 없습니다.
* 상품상생에서 하품하생까지 근기에 따라 극락왕생하며 왕생 후, 아미타 부처님을 뵙는 시기에는 차이가 있으나 아미타 부처님, 관세음보살님과 대세지보살님께서 늘 설법을 하십니다. 또한 가만히 있어도 보배나무와 가릉빈가와(실제, 새가 아니고 부처님의 위신력으로 생긴 것) 같은 무리들이 설법하여 항상 부처님과 불법을 생각하고 불제자를 생각하는 마음이 더욱 간절해집니다.
* 극락에서는 보리심에서 물러서지 않는 불퇴전의 경지에 오를 수 있으며 다음 생에 부처님이 되는 일생보처의 보살, 아라한들과 같이 지낼 수 있기 때문입니다.
* 성불 할 때 까지 육근이 청정하여 모든 시름과 번뇌를 겪지 않기 때문입니다.
* 많은 국토의 부처님을 공양하는 등 공덕을 쌓을 수 있기 때문입니다.
* 가르침을 듣고 깨달아 마음이 편안한 음향인, 진리에 순종하며 법대로 행하는 유순인과 모든 법의 실상을 깨닫는 무생법인의 삼법인을 얻게 됩니다.
* 수명이 길어 끊임없이 공부할 수 있습니다.
* 성불하기 위해서와 무생법인을 얻은 후 사바세계로 돌아와 모든 중생들과 같이 극락왕생을 하는 등의 보살도를 행하기 위함입니다.

♣ 어떤 불자들은 "내가 지은 죄가 얼마인데 극락에 갈 수 있겠어?"라고 반문하거나, "극락은 호의호식하는 곳인데 너무 큰 욕심 아닌가?" 하기도 합니다. 하지만 극락세계는 단순히 호의호식을 하러 가는 곳이 아니며 성불하고자, 보살도를 하고자 결심하고 원해야 갈 수 있는 곳입니다. 또한 죄를 지었더라도 극락왕생을 스스로 원하고 공덕을 짓고 그 공덕을 극락왕생에 회향하면 갈 수 있는 곳이기도 합니다.

질문 12. 염불의 공덕은 무엇인가요?

* 모든 하늘의 큰 힘 있는 신장과 권속이 밤낮으로 형상을 숨겨서 염불하는 사람을 보호하십니다.
* 관세음보살 같은 스물다섯의 큰 보살과 일체 보살이 항상 염불하는 사람을 따라서 지켜 보호하십니다.
* 모든 부처님이 밤낮으로 항상 염불하는 사람을 호념하시고 아미타불이 광명을 놓으셔서 섭수하십니다.
* 일체악귀가 해를 끼치지 못합니다.
* 재난에서 구원 받고 비명에 죽지 아니합니다.
* 꿈을 정직하게 꾸고 또 아미타불의 뛰어나게 기묘한 색신을 뵙니다.
* 마음이 항상 기쁘고 얼굴빛이 윤택하며 하는 일이 길합니다.
* 부처님께 공경 예배하는 것과 같이 염불하는 사람에게 공경 예배합니다.
* 임종시에 마음에 두려운 생각이 없고 정념을 이루고 아미타불과 여러 보살님의 영접을 받고 극락에 왕생합니다.

질문 13. 나무아미타불 염불은 어떻게 해야 하는가요?

* 염불에는 부처님의 이름을 부르고 공덕을 찬탄하는 칭명염불(稱名念佛)이 있고 관무량수경의 16관법과 부처님의 32가지 상과 80가지 공덕상 등을 깊게 생각하는 관상염불(觀想念佛)이 있습니다. 또한 법신을 관하는 실상염불(實相念佛)이 있습니다.
* 칭명염불이 가장 많이 행해지고 있습니다.
* 임종 시 나무아미타불을 10번만 부르면 극락왕생을 할 수 있다는 것은 종종 10념으로 해석되기도 합니다.
* 십념은 뒤에 도적이 따라 오고 큰 강을 만났을 때 오직 강을 건너야 된다는 일념 뿐 다른 잡념을 가질 여유가 없게 되는데, 이와 같이 일념 되는 생각을 오롯하게 갖는 것을 지극한 마음이라 하며 이런 마음으로 열번을 염불하는 것을 십념이라 할 수 있다고 비유됩니다.(출처: 구마라집 대사)
* 그러나 죽음을 앞둔 임종자가 스스로 십념을 유지하기 매우 힘듭니다. 임종자가 평생 동안 매일 염불을 하여 염불 자체가 일상이 되지 않았거나, 예수재 등을 통해 철저하게 본인의 죽음을 살펴보고, 극락왕생을 위한 경전독송과 염불수행 등의 공덕과 수행이 부족 할 때는 임종 십념을 유지하기는 힘듭니다.
* 하품상생 이하인 경우에는 선지식의 위로와 임종자의 나무아미타불 염불을 도우면 극락왕생을 할 수 있다는 관무량수경의 내용이 있습니다. 그러므로 가족, 스님과 도반들이 임종자를 위해 하는 조념염불이 중요합니다. 조념염불을 할 때, 나무아미타불을 하면서 마음과 귀로 듣는 것이 좋습니다. 또한 임종자의 극락왕생을 간절히 기원하며 염불이 임종자의 귀에 들리 도록 크기를 조정합니다. 임종이 임박하면 24시간 연속으로 가족과 도반들이 계속 조념염불을 해드리면 좋고 상황이 여의치 않으면 오디오로 대체합니다.

♣ 임종 2~3일 전에는 대부분의 환자는 의식이 떨어져 있습니다. 임종을 맞이하는 환자분이 의식이 없어지는 순간까지 염불을 놓지 않고 하시는 것이 좋습니다. 최근 어떤 보살님의 귀중한 경험을 듣게 되어서 환희심이 났습니다. 보살님은 미술학과 교수님으로 퇴직 후 손주를 보시다 어깨 회전근개 파열로 수술을 받으셨습니다. 급하고 절실한 마음으로 광명진언을 수술 3개월 전부터 하다가 수술실에서 마취약이 주입되는 순간에도 하셨는데 회복실에서 의식이 돌아오는 순간에 본인이 광명진언을 하고 있음을 알고 놀라면서도 감사하였다는 이야기입니다. 임종 1~2주일 전에 환자분과 보호자, 스님과 도반께서 의식이 없더라도 청각은 있으니 환자분도 끝까지 염불을 놓지 않고 조념염불을 함께 하는 것에 대한 의논과 환자분의 결심이 중요합니다.

질문 14. 사고로 갑자기 돌아가신 경우도 있고 병실에서 보호자가 잠깐 자리를 비울 때 혼자 돌아가시거나, 또는 중환자실과 병동 처치실에서 보호자가 곁에 없이 돌아가실 때도 많습니다. 이때 우리는 임종도 못 뵙고 조념염불 또한 해 드리지 못합니다. 이때는 어떻게 해야 하는가요?

✽ 보호자 없이 임종하시는 것을 생각하면 마음이 먹먹해 옵니다. 호스피스·완화의료가 없을 때에는 의료진과 낯선 의료기기가 있는 중환자실이나 병동 옆 처치실에서 심폐소생술 후에 임종하시는 경우가 대부분이었습니다.

✽ 호스피스·완화의료로 이제는 임종 방에서 환자와 보호자, 스님, 도반들과 아름다운 마무리를 할 수 있게 되었습니다.

✽ 죽음을 예견할 수 없는 사고사가 약 30%입니다. 예견되지 않았기에 보호자는 큰 슬픔으로 아무 것도 할 수 없을지 모릅니다. 그러나 큰마음을 내어 임종자의 극락왕생에 집중해야 합니다. 임종의례는 빈소를 차리기 전까지 해 드릴 수 있기 때문에 빈소가 차리기 전이라면 일심으로 고인의 극락왕생 위한 염불을 합니다. 빈소의례와 염, 화장 시에도 슬픔은 뒤로 하고 임종자가 평소 즐겨했던 경전을 읽어드리고 극락왕생을 기원하며 염불해 드립니다.

✽ 죽음은 언제 올지 모르며 임종하는 것은 바로 나 자신입니다. 그러므로 죽음을 회피하지 않고 준비하며 늘 염불하거나 혹은 본인의 방법으로 하는 수행 생활이 중요합니다. 불교에서 염불을 한번에 108번, 1000번 이상씩 하는 것은 임종의 그 혼란한 순간에 늘 해오던 일상의 선업인 염불을 자연스럽게 할 수 있게 함이라 생각됩니다.

✽ 불교적 생사관과 호스피스·완화의료를 포함한 죽음 공부를 건강할 때 미리 해 두는 것도 방법입니다.

질문 15. 금강경은 평소 불자들이 많이 보고 공부하는 경입니다. 또한 임종의례와 빈소의례에서도 독송하고 있습니다. 금강경의 뜻과 금강경을 펼치신 이유와 보살이 행하여야 하는 구절을 간략하게 말씀해 주십시오.

* 금강경은 금강반야바라밀경으로 금강석과 같은 견고한 지혜로써 어리석음을 잘라 없애고 열반에 이르는 방법을 말씀하신 부처님의 가르침이고 32분으로 구성되어 있습니다. 또한 대한불교조계종의 근본 사상을 담고 있는 소의경전이기도 합니다.

* 금강경이 펼쳐진 이유는 2분에서 나옵니다. 장로 수보리가 "세존이시여! 가장 높고 바른 깨달음을 얻고자 하는 선남자 선녀인이 어떻게 살아야 하며 어떻게 그 마음을 다스려야 합니까?"라고 여쭤봅니다.

* 3분에서 부처님께서 모든 보살은 그 마음을 항복 시킬지니 "모든 보살들은 모든 중생들을 일체의 미혹과 번뇌를 끊고 불생불멸의 도리를 증득한 해탈의 경지 인 무여열반에 들도록 제도하되, 한 중생도 제도 받은 이가 없다"라고 하라. 그 이유는 "보살은 자아가 있다는 관념, 개아가 있다는 관념, 중생이 있다는 관념, 영혼이 있다는 관념이 있다면 보살이 아니기 때문 때문이다."(有 아상·인상·중생상·수자상 즉 비보살)

* 4분에서는 보살은 모든 법에 머무름 없이 보시를 해야 하느니라. 보살은 소리와 향기, 맛, 감촉과 일체 작용에 안주하지 말고 보시하라 말씀하십니다.

질문 16. 금강경에서 사람들에게 사구게를 들려주는 것이 수승하다고 하는데, 사구게(四句偈)는 어떤 것들이 있는가요?

* **범소유상 개시허망 약견제상비상 즉견여래 (제5 여리실견분)**

    무릇 형상이 있는 것은 모두가 다 허망하다. 만약 모든 형상을 형상이 아닌 것으로 보면 곧 여래를 보리라.

* **불응주색생심 불응주성향미촉법생심 응무소주 이생기심 (제10 장엄정토분)**

    응당 색에 머물러서 마음을 내지 말며 응당 성 향 미 촉 법에 머물러서 마음을 내지 말 것이요, 응당 머문 바 없이 그 마음을 낼지니라.

* **약이색견아 이음성구아 시인 행사도 불능견여래 (제26 법신비상분)**

    만약 색신으로써 나를 보거나 음성으로써 나를 구하면 이 사람은 사도를 행 함이라. 능히 여래를 보지 못하리라.

* **일체유위법 여몽환포영 여로역여전 응작여시관 (제32 응화비진분)**

    일체의 함이 있는 법은 꿈과 같고 환상과 같고 물거품과 같으며 그림자 같으며 이슬과 같고 또한 번개와도 같으니 응당 이와 같이 관할지니라.

질문 17. 망자가 심판받는 명부시왕 중 염라대왕이 가장 잘 알려져 있습니다. 지옥도를 보면 망자가 벌을 받는 옆에 지장보살님께서 함께 하고 계심을 봅니다. 지장경에서 지장보살님이 말씀하신 임종과 관련한 중요 내용을 알려 주십시오.

* 지장경 4분에 광목이라는 여인이 나오는데 지장보살의 본생(광목뿐 아니라 몇 개의 예가 더 나옵니다.)으로 다음과 같은 광목의 서원을 보면 지장보살님의 서원을 알 수 있습니다. 광목이 지옥에 떨어진 어머니를 구하면서 광대한 서원을 합니다. "만약 저의 어머니가 영원히 삼악도와 여인의 몸을 여의고 영겁 동안 받지 않는다면 저는 지옥과 삼악도에서 죄고에 시달리는 중생을 구제하여 영원히 지옥, 아귀, 축생 등을 떠나게 하며 이런 죄보를 받은 사람들이 모두 성불한 후에 그 때 저는 비로소 정각을 성취 할 것을 서원합니다."라고 합니다.

* 지장경 7분, "산사람과 죽은 사람이 모두 이익 됨"에서는 임종자에게 가족들이 경을 읽어 주고, 불상에 공양하며, 부처님을 염하여 부처님의 명호가 임종자의 귀에 들어가게 하면 임종자의 죄업이 소멸합니다.

* 임종 후에도 가족들이 임종자를 위해 49재나 보시공덕 등을 지어주면 공덕의 1/7을 망자가, 나머지 6/7은 공덕을 지어준 가족들이 받는다고 나와 있습니다.

질문 18. 임종자에게 임종과정에서 광명진언을 들려드리기도 하고 모래에 광명진언을 108번 외운 후 묘지에 뿌리기도 합니다. 이때 들려드리는 광명진언을 알려주십시오.

옴 아모가 바이로차나 마하무드라
마니 파드마 즈바라 프라바를타야 훔

* 비로자나 부처님을 포함한, 불공성취여래, 비로자나불, 아촉여래, 보생여래, 아미타여래의 오방에 계신 부처님께서 부처님의 지혜이신 광명을 나를 비롯한 일체중생에게 비춰주시길 기원하는 진언입니다.
* 신라의 원효대사가 우리나라에 처음 보급하였고 유심안락도에서 광명진언을 108번 한 흙과 모래를 시신이나 무덤에 뿌려 주면 죽은 이가 삼악도(지옥, 축생, 아귀)에 있더라도 삼악도를 여의고 광명을 얻게 된다고 하였습니다.

질문 19. 임종과정에서 염불수행이 아닌 다른 방법으로 수행한 경우에는 어떻게 하는가요?

* 참 어려운 질문입니다. 여기에서는 가장 힘들고 두려운 순간, 정념을 유지하기 어려운 순간인 임종 즈음을 다루고 있습니다. 아미타 부처님의 48대 서원을 믿고 극락왕생을 위해 일념으로 하는 나무아미타불 염불에 대해 중점적으로 이야기 했습니다.
* 환자분이 오랫동안 해오신 기도 방법을 말기와 임종 시기에 주변의 권유로 바꾸는 것은 좋지 않습니다.

* 극락세계 뿐 아니라 여러 불국토인 미륵보살의 도솔천, 약사여래불의 유리광세계, 묘희세계 등도 있습니다.
* 실제 우리나라의 선승 가운데 미륵보살께서 계신 도솔천에 태어날 것을 발원했던 분도 계셨고 우리가 사는 인간계의 다시 태어날 것을 발원한 분도 계셨습니다. 그러나 선승 가운데 아라한의 경지에 오른 분들은 그대로 적멸의 열반에 들기에 내생에 다시 태어날 것을 발원하지 않습니다.
* 임종 시에는 너무나 큰 고통과 마음에 혼란이 옵니다. 무엇을 배우고 다시 할 여건과 시간이 없습니다. 임종 최소 2-3주 전에는 환자와 보호자께서 어떤 방법으로 부처님의 자비광명 속에 임종 할 것인지 대해서 스님과 도반들과 함께 의논하여야 합니다.

♣ 말기라고 알고 나서부터는 정신적, 육체적, 사회적 고통 등으로 우리는 오랜 동안 신앙생활을 하였더라도 환자와 보호자 모두 부처님께 기도할 엄두를 못 낼 수도 있습니다. 우리가 부처님의 자비광명을 떠올리지 못하고 오직 죽음의 두려움과 고통 속에 전전긍긍하며 마지막 순간을 맞이한다면 얼마나 안타까운 일일까요? 이제는 우리 모두 스스로, 가족과 도반의 부처님 자비광명 속 아름다운 마무리가 되도록 관심을 갖고 적극 참여하고 함께 하여야 합니다.

질문 20. 찬불가의 좋은 점은 무엇인가요?

　음악치료는 호스피스 영역에서도 활발하게 진행되고 있습니다. 음악이 뇌파의 알파파에 작용하여 주의를 집중하고, 관계를 향상시키고, 긍정적인 교류 등을 강화시킵니다. 특히 불유쾌한 상황이나 소리를 피할 수 있는 장점으로 정신적, 정서적 안정을 줍니다. 음악치료의 가장 좋은 효과를 일으키는 요인은 음악에 대한 환자의 친숙도입니다. 그러므로 정신적, 정서적으로 고통이 심한 호스피스 환자나 임종자에게 익숙한 찬불가와 염불을 들려주는 것은 고통스런 상황을 잊고 부처님 말씀과 염불에 집중할 수 있습니다. 정서적으로 안정을 주기 위해혈압을 낮추고 이완을 해주는 유익한 효과로 음악은 호스피스 환자의 보완요법으로도 사용되고 있습니다.

질문 21. 기도와 임종에 대한 일타스님과 광덕스님의 말씀과 법문에는 어떤 것이 있는가요?

* **일타스님께서는『생활속의 기도법』이라는 책에서 다음과 같이 말씀하셨습니다.**
  사람의 한 평생 가운데 제일 중요한 순간이 언제인가? 죽기 직전이 가장 중요하고, 죽기 직전에 어떤 마음을 품고 죽느냐에 따라 내생이 달라지는 것이다.
* 임종에 다다랐을 때 "내생에는 참선 정진하며 살아야지!" 하는 원력을 강하게 세우면, 그 다음 생까지 그 힘이 그대로 전달되어 일평생 도를 닦는 일에 몰두하게 된다.
* 그리고 죽기 직전에 '나무아미타불'을 일념으로 외우면 그 사람의 마음이 무량한 빛, 무량한 수명의 아미타불과 함께 하여 극락왕생을 이룰 수 있게 된다.

* 그러므로 나이가 들면 자기가 지나온 생애를 되돌아보면서 내생의 행복을 위해 용서할 것은 용서하고, 부족했던 점이나 못 다한 것이 있으면 원을 세우고 기도하면서 다음 생을 준비할 줄 알아야 한다.
* 이렇게 원을 세우면 영혼이 몸을 떠날 때 그 원의 싹이 잘 자랄 수 있는 환경을 택하여 태어나게 될 뿐만 아니라, 그 원력이 새로운 삶의 기둥이 되어 주는 것이다.

* **광덕스님께서는 법문과 책에서 다음과 같이 말씀하셨습니다.**
  많은 사람들이 죽음의 문제를 회피하려고 하지만 "정면으로 맞부딪쳐서 싸운 사람, 그래서 그것을 극복해서 승리한 사람은 부처님이시다."
* 행복의 법칙이라는 책 부록에서 사후 삶이 있다고 열심히 사는 것과 사후 삶이 없다고(윤회가 아니고 죽으면 끝이라는 생각) 열심히 사는 것과는 큰 차이가 있는데 실제 생활태도에서 큰 차이를 보인다고 말씀 하셨습니다. 사후에 염불이 용기와 빛을 주며, 임종 후 중음 세계에서 정화와 향상이 중요하므로 망자를 위해 슬퍼하지 말고 염불, 독경하여 망자의 깨달음을 돕는 것이 중요하다.
* 설사 남에 손에 죽임을 당할지라도 절대 원한을 품지 말라.

질문 22. 중국의 인광대사와 홍일대사는 임종자와 보호자의 조념염불을 강조하셨고 우리나라에서도 책으로 많이 소개되어 있습니다. 임종에 관한 두 분의 말씀과 인광대사께서 말한 중요한 세 가지 내용은 무엇인가요?

* **인광대사께서 임종시 중요하다고 말한 세 가지는 다음과 같습니다.**
  첫째, 좋은 방편으로 임종인의 믿음을 내도록 할 것.
  둘째, 여러 사람이 염불하여 임종인의 염불심을 도울 것.
  셋째, 임종인을 다른 곳으로 옮기지 말고 울지 말 것.
* 보호자들이 비통하게 울면 환자가 애정심이 생겨서 염불하는 마음이 사라지므로 가장 중요한 것은 환자를 안심하고 위로하여 바른 믿음을 내도록 하며 일심으로 염불하는 것을 권합니다.
* 조념염불을 몇 팀으로 나누어서 한 팀이 염불하면 다른 팀은 들으면서 묵념하여 임종인의 염불심을 돕습니다. 임종자가 돌아 간 후에도 최소 8시간 계속 염불을 합니다.
* 조념염불은 십념(十念) 단위로 염불하는데 염불을 한 번부터 열 번까지 분명하게 염불하고 정확하게 기억하는 것으로 열 번을 모두 부르고 나면 다시 되풀이하여 염불합니다.
* 임종 후에 바로 다른 곳으로 옮기거나 움직이지 말아야 합니다. 8식인 아뢰야식이 떠나가 전에 임종자의 몸을 만지면 고통을 느껴 성내는 마음을 일으키기 때문입니다. 또한 슬피 울지 말고 임종자를 위한 염불을 계속하는 것이 중요합니다.
* 임종자의 열기가 밑에서 위로 올라가면 극락이나 천상의 몸을 받는 것으로, 마지막 열기가 정수리에 머물면 극락왕생, 눈이면 천상, 심장이면 사람, 배이면

아귀, 무릎이면 축생, 발바닥이면 지옥으로 떨어진다 하지만, 열기가 최종으로 머문 곳에 너무 연연하여 문제를 일으키지 말아야 합니다.

* **홍일대사는 『인생의 최후』라는 책에서 다음과 같이 말씀했습니다.**
* 중병이 들었을 때는 가정 일과 신체에 대해서는 모두 잊어버리고 오로지 아미타불 염하면서 한마음으로 서방정토에 왕생하기를 희구해야 합니다.
* 자신이 소유하는 의복이나 기타 물건들을 다른 이에게 보시하고 지장보살본원경을 따르면 좋습니다.
* 가족과 주위 분들은 선지식을 청하여 설법을 들려주어 환자가 안심하고 위안 받게 합니다.
* 환자의 선업을 상세하게 들려주고 찬탄하여 환자로 하여금 환희심을 일으키게 하여 임종 시 착한 선업으로 서방정토에 왕생할 수 있음을 알게 합니다.
* 특히, 임종 전에 유언을 물어보아야지, 임종 시에 환자에게 유언을 물어서 환자가 애정에 끌려 왕생에 장애를 일으키지 않도록 합니다.
* 아기달왕의 예를 들어 임종시에 성내는 마음을 일으켜서 악도에 떨어지는 것을 경계합니다.
* 보통 사람은 임종 직전에 심한 고통을 겪게 되기 때문에 환자가 원하지 않는데 억지로 목욕을 하거나 옷을 갈아입히면 더욱 고통을 가중하므로 피해야 합니다.
* 부처님께서도 오른쪽으로 누워 열반하셨듯이 임종 즈음 환자는 머리는 북쪽, 얼굴은 서쪽으로 우측으로 눕는 것이 좋으나 고통이 수반된다면 강제로 고쳐 눕게 해서는 안 됩니다.
* 임종 후 8시간이 경과한 후에 목욕을 시키고 옷을 갈아입혀야 합니다. 임종자가 극심한 고통을 일으킬 수 있기 때문입니다. 8시간 후에 수족이 굳어져서

움직이지 못하면 따뜻한 물에 담근 천을 관절에 놓으면 8시간 후라도 큰 문제 없이 갈아입힐 수 있습니다.

♣ 아기달왕(阿耆達王)은 한 평생 부처님을 모시면서 오계를 철저히 지켰지만 임종 시에 시종이 부채를 아기달왕의 얼굴에 떨어뜨리자 왕은 통증으로 성내는 마음을 일으키고 이러한 일념 때문에 왕은 뱀의 몸을 받았다 합니다. 다행히 숙세의 복력 덕분에 그 원인을 알아차리고 스님에게 삼귀의와 수계를 설법해 달라고 청해, 곧장 뱀의 몸을 벗어버리고 천상에 태어났습니다.

♣ 출처: 임종삼대요, 인광대서 저, 임종, 어떻게 맞이할 것인가 박병규 역.

대표저자의 경우 부모님 임종 전에 인광대사의 책을 보았기에 입관과 화장 때 울지 않고 금강경, 아미타경 독경과 광명진언을 해 드렸습니다. 지금도 잘 한 일이라 생각됩니다.

질문 23. 타종교인 자식의 편의를 위해, 타종교의 장엄한 임종의례와 적극적인 교인들의 활동을 보고 연세 많은 불자와 말기환자에서 개종이 많이 이뤄지고 있습니다. 또한 타종교를 가진 가족이 의식 없는 환자에게 환자의 진정한 동의 없이 개종되었다 하며 일사천리로 타종교의 방식으로 장례가 치러집니다. 이런 현실에서 우리 불자는 무엇을 생각하고 결심해야 하는가요?

✻ 우리의 부모님들은 자식의 의견을 존중하고 어려움을 덜어주려 합니다. 그러나 임종하는 사람에게는 본인 스스로의 자기결정권이 중요합니다. 오랜 시간 믿어 왔던 부처님의 자비광명 속에 임종이 되기 위해서는 임종 전, 의식이 있을 때 가족들에게 임종의례와 장례방법, 49재에 대한 의논을 미리 하는 것이 좋습니다.

♣ 30여년을 절에 다녔던 시어머니와 10여년 절에 다녔던 며느리가 있더라도 타종교의 딸이 있으면 시어머니는 타종교의 방식으로 장례가 이뤄집니다. 시어머니는 의식이 없고 며느리는 집안의 평화를 위해 문제제기 없이 그냥 있어서 벌어지는 상황입니다. 우리 불자들의 깊은 생각과 결정이 있어야 할 뿐만 아니라 종단과 사찰, 도반들의 관심과 도움이 절실합니다.

질문 24. 임종 시 격려하는 말, 위로하는 말에는 어떤 것이 좋은가요?

* 다른 나라의 어떤 가족은 임종자의 공덕을 노트에 적고 환자 분이 의식이 없더라도 그것을 읽어 주어 환자가 죽음의 두려운 마음을 뒤로 하고 부처님을 믿는 마음을 내고 극락왕생의 마음을 일으키게 도와주었다 합니다.
* 임종자가 부모님이라면 가족을 보살펴 준 공덕과 사회에 공헌한 일 등을 말씀해드리는 것이 좋습니다.
* 임종자가 결혼을 앞둔 자녀 등의 문제로 깊이 고민하고 있다면, 문제 해결에 앞장서 드리겠다는 말씀으로 걱정을 덜어드리는 것도 좋습니다.
* 부처님에 대한 믿음을 갖고 염불, 사경과 신행활동 등의 살아생전의 공덕으로 극락왕생 하실 수 있음을 말씀드립니다.
* 지금, 아미타부처님의 48대 서원으로 임종자가 보호자와 함께 나무아미타불 염불을 정성껏 하면 극락왕생할 수 있음을 말씀드려 환희심을 내게 도와드립니다.

질문 25. 연지대사의 극락왕생발원문이 임종의례에 있습니다. 연지대사님에 대해 간략하게 소개해 주세요.

* 연지대사의 극락왕생발원문을 보면 극락왕생을 왜 해야 하는지, 극락왕생 해서 어떤 수행을 하는지와 다시 사바세계에 돌아와서 보살도를 펼치는 것에 대해서 잘 이해할 수 있습니다.
* 연지대사는 정토종 제8조이고 명나라 분입니다. 연지대사는 죽다가 다시 살아난 임사체험을 하였는데 관에서 다시 깨어나서 가만히 생각을 해보니, 스스로는 도(道)를 깨쳤다고 생각하여 안심하고 살아 왔는데, 갑작스런 죽음을 당하고 보니 이 정도의 도력(道力)을 가지고는 생사에 아무런 소용이 없다는 것을 크게 깨닫고, 앞으로는 오직 염불수행에 전력을 다하겠다고 굳게 결심하시고 염불 수행을 널리 알린 분입니다.
* 연지대사의 극락왕생발원문은 192페이지에 있습니다.

질문 26. 불교에서는 죽음을 어떻게 이해하는가요?

* 불교의 생사관은 죽음은 끝이 아니고 다시 태어나는 업보윤회로 이어지며 무명과 애착이 생사를 반복하게 합니다.
* 부처님께서도 생·노·병·사의 의문을 풀고 인간의 고통을 해결해 주고자 왕궁을 빠져 나와 부처님이 되었습니다. 이렇듯 불교에서는 죽음의 문제를 어느 종교보다 깊게 다루었고 생명을 받아 태어난다는 죽음을 필연적으로 봅니다.
* 부처님께서는 윤회에서 벗어난 세계인 열반이 있고 열반에 이르는 길을 안내 하셨습니다.
* 부처님께서는 고통이 일어나는 원인과 생사에서 벗어나는 길인 사성제를 말씀 하셨습니다.
* 부처님의 유언은 "방일하지 말고 정진하라." 입니다. 늘 깨어 있음을 말씀하셨 습니다.
* 인간의 생을 대부분 4단계로 나누어 생유(생명이 결성), 본유(태어나서 임종 직전까지), 사유(임종 찰나), 중유(임종 후 생유 전까지 중음기간)로 구성되고 다시 중유에서 생유의 단계로 윤회합니다. 예외는 있어서 큰스님들께서 열반 하신 경우와 극락왕생하는 자(者)는 중음에 머물지 않게 됩니다. 임종 전과 임종 후에 가족과 도반들은 보시와 기도, 장례의례인 시달림과 49재를 통해 고인이 집착과 번뇌를 끊고 열반 이르기를 바라며, 극락왕생하기를 기원하고 있습니다.

제5장

말기환자와 보호자에게 호스피스 · 연명의료에 대한 이해를 도와드릴 질문과 답변

말기환자와 보호자에게 호스피스·연명의료에 대한 이해를 도와드릴 질문과 답변

질문 1. 호스피스·연명의료법에 대해 말씀해 주십시오.

"호스피스·완화의료 및 임종단계에 있는 환자의 연명의료결정에 관한 법률"이 제정되고 2018년 2월 4일부터 전면적으로 시행되었습니다. 말기환자 또는 임종기의 환자가 회복의 가능성 없이 생명연장만을 위한 연명의료를 중단하는 의사를 밝히는 연명의료 결정제도가 시행된 것입니다. 연명의료를 중단하는 경우 암, 만성폐쇄성 폐질환, 에이즈, 간경화증의 환자가 호스피스·완화의료 대상입니다. 치매, 중풍 등은 말기 사정이 어려워 포함되지 못했습니다. 그러나 앞으로는 모든 질환으로 확대될 계획입니다.

♣ 연명의료는 심폐소생술, 혈액투석, 항암제투여, 인공호흡기 착용을 통해 회복할 수는 없으나, 생명의 연장만을 하는 것을 말합니다.

> p146, 147 사전연명의료의향서, 연명의료계획서는 2019년 6월에 일부 변경되었습니다. 연명의료중단 결정항목이 없어지고 연명의료시술 종류가 위의 4개에서 체외생명유지술, 수혈, 혈압상승제투여 등이 첨가되었습니다. 자세한 사항은 국립연명의료관리기관→소통공간→자료실의 연명의료결정제도 안내에 있습니다.

질문 2 호스피스·완화의료란 무엇인가요?

완치가 불가능하여 죽음이 예견되는 환자와 가족의 신체적, 정서적, 사회적, 영적 증상을 돌보아 주어 말기환자와 가족의 삶의 질을 높여 임종하는 순간까지 잘 살도록 돌봐주는 의료 활동입니다. 그러나 말기환자와 말기환자의 보호자가 되면 호스피스·완화의료를 결정하는 것이 많이 힘들 수도 있습니다.

그것은 치료를 포기하고 임종하러 가는 곳이라는 잘못된 개념이 있기 때문입니다. 호스피스·완화의료는 의료진 중심이 아닌, 말기환자와 보호자가 우선이 되어 환자의 통증조절을 잘 도와주며 정서적, 사회적 고통을 줄여주어 마지막 순간까지 인간으로서의 존엄함과 가치를 보호해 주는 것을 목적으로 합니다.

질문 3. 호스피스·완화의료와 연명의료결정법과의 연관관계는 무엇인가요?

호스피스·완화의료를 위해서는 연명의료결정이 되어야 합니다. 과거 보라매 병원 사건을 보듯이 회생 가능성의 확인 없이 환자를 집으로 보내는 것이 불법이므로, 호스피스·완화의료에 앞서 환자 스스로의 연명의료중단결정이 우선되어야 한다는 취지로 연명의료결정법이 시행되었습니다.

♣ 1997년 보라매 병원 사건 전까지만 해도 많은 환자분이 임종이 가까워 왔다고 판단되면 병원에서 퇴원하여 집에서 임종했습니다. 그러나 이 사건을 계기로 병원에서의 임종이 많아져 가족의 죽음이 병원의 일이 되었습니다. 이러한 상황이 된 현실은 집에서 할머니, 할아버지가 돌아가시는 모습을 보며 자연스럽게 자라던 어린 손자, 손녀를 포함한 젊은 자손에 대한 죽음교육 기회가 현저히 줄었고, 병원에서는 어린이 면회제한으로 더욱 더 우리나라의 죽음교육은 약화되었습니다.

질문 4. 연명의료결정에 대한 사전연명의료의향서와 연명의료계획서는 무엇인가요?

* 연명치료중단에 대한 결정은 두 개로 나눠집니다.
* 첫째는 19세 이상의 성인이 건강 할 때, 본인이 직접 작성하고 등록기관에서 등록해주는 '사전연명의료의향서'가 있습니다.
* 둘째는 호스피스의료기관에서 말기환자의 의견 확인 후에 의사가 작성하는 '연명의료계획서'가 있습니다.
* 연명의료 중단에는 치료가 아닌 생명 연장만을 위한 심폐소생술, 인공호흡기 착용, 혈액투석, 항암제 사용 등이 중단되지만 우리나라에서는 통증치료, 물, 영양, 산소공급은 중단되지 않습니다.

질문 5. 최근 '불교적 사전연명의료의향서'가 연구되었습니다. 나온 배경에 대해 설명해 주십시오.

* 사전연명의료의향서를 작성하면서 지금까지의 삶을 돌아보고 죽음을 생각하면, 역설적으로 앞으로의 삶을 "부처님이시라면", 또는 "부처님의 가르침을 따른다면"이라는 질문을 갖고 더욱 의미 있게 살고자 하는 결심을 하게 되는 중요한 기회를 가지게 됩니다.
* 사전연명의료의향서의 작성이 부처님의 뜻에 반하는지에 대한 의문이 있을 수 있습니다.
* 부처님 말씀과 불교의 생사관을 이야기 한 후 사전연명의료의향서를 작성하면 불자인 경우 만족도가 높았기 때문에 불자의사들이 합심하여 만들게 되었습니다.

* 사) 한국불교연구원 김종화 박사님과 안성두 원장님, 동대 교수진들과 임정애 대표 저자가 함께 불교적 사전연명의료의향서를 연구하고 작성하였습니다.

질문 6. 사전연명의료의향서 앞에 불교적인 내용을 담은 불교적 '사전연명의향서'를 소개해 주십시오.

* 자세한 내용은 135페이지에 소개되어 있고 요약본은 다음과 같습니다.

불교의 관점에서 본 '사전연명의료의향서' 작성에 대한 설명과 지침
- 요약 정리 -

이 요약문은 '호스피스·완화의료 및 임종과정에 있는 환자의 연명의료결정에 관한 법률'(약칭: 연명의료결정법)에 따라 '사전연명의료의향서'를 작성하는 불자들이 법률이 의도하는 바를 불교적 관점에서 바르게 이해하도록 안내문을 요약한 것입니다.

○ **인간의 존귀함**

인간은 불성을 가진 존재로 누구나 존중받아야 합니다.

○ **보살행을 향한 자각과 집착하지 않음**

끊임없는 정진을 통해 깨달음을 얻을 수 있는 커다란 혜택이 우리에게 있습니다. 부처님은 방일하지 말고 정진하라고 마지막까지 말씀하셨습니다. 윤회의 고리를 끊기 위해 끊임없이 보살행을 통해 공덕을 쌓아야 합니다.

○ **보시, 육바라밀과 회향의 삶**
보시에는 재시, 법시, 무외시가 있습니다. 이를 통해 우리는 탐·진·치에서 벗어날 수 있습니다. 선처로 갈 수 있습니다.

○ **호스피스·완화돌봄**
임종시 마지막 생각이 내생의 상태를 결정하는데 중요한 역할을 합니다. 삶의 마지막 순간에도 불자로서 부처님 말씀을 따르고 정진할 수 있도록 도움이 필요 합니다. 인간의 존엄함과 생명의 존귀함은 삶이 끝나는 마지막 순간까지 유지되고 존중되어야 합니다. 이를 위해 호스피스·완화돌봄을 권장합니다.

○ **'사전연명의료의향서' 및 '연명의료계획서' 작성에 있어 주의사항**
- 모든 결정이 자신의 자율적 결정에 의해야 하겠지만, 배우자나 가족 또는, 가까운 분들과도 충분히 얘기를 나누는 것을 권합니다.
- 작성된 '사전연명의료의향서'는 언제든 철회가 가능합니다.
- '사전의료의향서'를 작성했어도, 실제 말기나 임종기에 있어 '연명의료계획서'를 통해 자신의 결정을 담당의사(醫師)에게 새롭게 밝힐 수 있습니다.

♣ **'사전연명의료의향서'를 말기가 되기 전에 작성하는 것이 좋은 이유는 다음과 같습니다.**

＊ 말기 상황에서 연명의료에 대한 결정을 남이 아닌 스스로 하는 자기결정권이 중요하기 때문입니다.
＊ 죽음의 약 30% 정도는 사고사입니다. 그래서 자신의 죽음이 어떤 형태로 올지 예측하지 못하기 때문입니다.

* 말기환자가 되어 호스피스 기관으로 가서 '연명의료계획서'를 쓰고자 했을 때 도움이 됩니다.
* 연명의료에 대한 결정에 대한 자식의 부담을 덜어 주고자 함입니다.(직접적인 취지는 아니지만 실제 어르신들이 많이 이야기하고 있습니다.)
* 건강한 사람이 평소 생각해 보지 않았던 죽음을, 사전연명의료의향서를 작성하면서 본인의 죽음을 생각하고 잘 죽어야 하겠다고 결심한다면, 역설적으로 잘 살아야 하겠다는 결론을 내리게 됩니다. 우리는 불자이기에 앞으로 "부처님이시라면", 또는 "부처님의 가르침을 따른다면"이라는 질문을 갖고 더욱 아름답고 의미 있게 살고자 하는 결심을 하는 기회를 갖게 되기 때문입니다. 실제로 젊고 건강한 경우에도 '사전연명의료의향서'를 작성하고 있습니다.

질문 7. 호스피스·완화의료의 특징은 무엇인가요?

* 의료진이 중심이 아닌 말기환자와 보호자가 중심입니다.
* 원인 치료가 아닌 증상 완화가 목표입니다.
* 신체적 돌봄 뿐 아니라 사람의 죽음은 신체적인 고통으로 단순화되지 않기 때문에 신체적, 정서적, 사회적 영적 고통을 돌봐 주는 전인 의료를 합니다.
* 의료진을 포함하여 종교가(스님), 사회복지사, 봉사자 등이 팀으로 구성되어 말기환자와 보호자를 돌보고 있습니다.

질문 8. 우리나라 호스피스 · 완화의료 역사는 언제부터인가요?

* 호스피스는 피로한 여행자를 위한 휴식처를 의미하는 것으로 영국의 경우에는 11세기 수도원을 통해 확산되었고 1967년 Cicely Saunders가 근대적 호스피스 · 완화의료로 발전 시켰습니다.
* 우리나라의 경우에는 아시아 최초로 1965년 강릉 갈바리의원의 마리아의 작은 자매회가 호스피스를 최초로 시작하였습니다.
* 미국의 경우, 호스피스의 의료보험화가 1986년에 되었고 일본은 1990년에 실시되었습니다.
* 대만의 경우에는 2000년부터 법제화되어 모범적으로 운영되고 있고 증엄 스님의 자제공덕회 병원과 자원봉사자 운영체계가 많이 알려져 있습니다.
* 우리나라에서는 1988년 강남성모병원에서 호스피스병동을 시작하였고, 1998년 호스피스완화의료학회가 창설되었습니다.

질문 9. 우리나라에서 호스피스 · 완화의료와 연명결정법이 제정되기까지 문제가 되었던 사안은 무엇인가요?

안락사와 식물인간에 대한 문제였습니다. 모든 종교에서 생명의 존중을 말하고 있고 자살은 금기되어 있어 안락사 허용과 식물인간의 확대 적용에 대한 반대가 많았습니다. 안락사는 환자가 스스로 약을 투약하거나 의사의 도움으로 죽음을 택하는 것으로 현재 스위스, 네델란드, 벨기에, 룩셈부르크, 미국의 몇몇 주에서는 시행되고 있으나 우리나라에서는 허용되고 있지 않습니다.

질문 10. 어르신들은 간혹 밤에 자다가 고통 없이 죽는, 밤새 안녕이 가장 좋다고 이야기하기도 합니다. 그러나 호스피스의 개념에서는 본인의 죽음을 모른 채 죽는 것보다는 암환자가 오히려 축복이라는 개념이 있습니다. 이것은 무슨 뜻인가요?

* 이유는 죽음 준비를 할 수 있는 시간을 갖는 기회 때문입니다.
* 말기 몇 개월 동안 환자 자신이 죽음을 준비하고 가족, 주변과 좋은 관계로 끝맺음을 할 수 있는 기회를 얻을 수 있기 때문입니다.
* 일반적으로 죽음의 30%는 추락사, 교통사고, 심장마비 등의 급사로 본인의 죽음을 예측하지 못합니다.
* 암의 경우에는 죽음을 앞둔 두려움과 신체적, 육체적 고통을 있을지라도 말기 환자가 보호자와 호스피스·완화의료 팀과 함께 죽음을 준비하고 용서를 빌고 용서를 받는 영적성숙의 시간을 보낼 수 있기 때문입니다.

질문 11. 말기 암 환자에게 호스피스 완화의료가 필요한 이유는 무엇인가요?

* 말기 암 환자에게는 암세포로 인한 단순한 조직 손상에서 오는 통증 외에도 마약성 진통제를 필요로 하는 복합적인 통증이 나타납니다.
* 예를 들어 오심, 구토, 변비나 설사, 장 폐쇄 등의 소화기계 증상과 호흡곤란, 기침, 딸꾹질 등의 호흡기계 증상, 배뇨 곤란 등의 비뇨기계 증상이 나타날 수 있습니다.
* 오래된 와상으로 욕창이 생겨 고생하기도 합니다. 또한, 우울 및 착란, 고독 감, 불안 등의 정신 증상까지 나타나기도 합니다.

* 환자뿐 아니라 그 가족에게도 신체적, 정신적 고통을 겪게 되기 때문에 호스피스·완화의료를 통해 환자와 그 가족을 돌보고 환자의 남은 생을 편안하게 돌보는 것이 중요하기 때문입니다.

질문 12. 호스피스에서 '나쁜 소식 전하기'가 중요한 이유는 무엇인가요?

* 나쁜 소식 전하기는 환자에게 말기임을 알리는 것입니다.
* 현재 말기암의 30~40%에서는 환자 본인이 말기임을 모르는 상태로 임종하고 있습니다.
* 보통은 주치의가 알리고 있으나 보호자 입장에서 환자가 너무 실망하고 힘들어 할까봐 걱정되어 환자에게 알리는 것을 주저하기도 합니다.
* 실제로 부모님이 말기 암 환자가 되셨을 때 부모님께 말기임을 말씀드리는 것이 쉽지는 않습니다.
* '나쁜 소식전하기'가 호스피스·완화의료의 첫 관문으로 말기임을 아셔야 환자분이 연명치료 중단을 결정하고 호스피스·완화의료를 받기 때문입니다.
* 마지막까지 항암치료를 하고 생에 집착으로 힘들어 하시는 것보다는 호스피스·완화의료를 받으며 인간관계와 재산 등 주변 정리를 하고 가족에게 "사랑한다."는 말을 전할 수 있는 귀중한 시간을 갖는 기회를 얻을 수 있기 때문입니다.

♣ 미국의 경우에는 1960년대부터 유치원에서 대학교까지 죽음교육을 정규과목으로 하고 있습니다. 3살 어린이도 방송 등을 통해서 죽음을 인지하고 있습니다. 죽음교육을 받은 어린이가 가족과 친구의 죽음을 잘 극복하는 것으로 알려져 있습니다. 반면 우리나라의 경우에는 10여 년 전부터 웰다잉 열풍으로 죽음준비 교육이 시작되고 있으나 전 세대를 아우르는 죽음준비 교육은 부족한 실정입니다.

질문 13. 퀴블로 로스의 죽음의 5단계 중, 모든 말기환자는 죽음을 수용하는가요?

* 모든 환자가 5번째인 수용의 단계가 되는 것은 아닙니다.
* 말기라는 나쁜 소식을 전달 받은 환자는 5단계가 순차적으로, 혹은 몇 개의 단계가 같이 나타나기도 하는데 죽음의 5단계는 부정-분노-협상-우울-수용이며 여기서 덴켄 신부가 주장한 6단계인 희망의 단계가 있습니다.
* 첫 번째 부정의 단계는 진단을 믿지 못해 여러 병원에서 다시 진단을 받는 것으로 나타납니다.
* 두 번째 반응인 분노는 의료진과 보호자를 모두 힘들게 만듭니다. 주위로 분노를 투사하거나 치료거부 등을 보이는데 실제로는 환자 본인에게 화를 내는 것입니다. 분노를 강화하지 말고 조용하고 관심이 있는 태도를 보이면서 환자가 행동이 아닌 말로 분노의 감정을 털어놓도록 격려합니다.
* 40대의 가장이 폐암에 걸려 말기환자가 되었다면 분노를 보일 수 있습니다. 환자는 착하고 열심히 살았는데 왜 이런 상황인 된 것에 대한 분노와 부처님(종교)에 대한 원망, 어린 자식에 대한 책임감으로 수용상태가 아닌 분노인 상태로 임종을 맞이할 수 있습니다. 호스피스·완화의료를 담당하는 의료진, 스님과 사회복지사들은 환자의 분노를 이해하고 보호자들과 합심하여 환자를 수용의 단계, 희망의 단계로 이르도록 노력하고 있습니다.
* 세 번째는 협상의 단계로, 불자인 경우 부처님께 "살려주시면 재산을 보시하거나 열심히 부처님 일을 하겠다."는 타협의 단계입니다.

* 그러나 환자는 말기이므로 상태가 좋아지지 않기에 네 번째인 우울의 단계를 보입니다. 불면증, 식욕상실, 의욕감퇴, 슬픔과 일상생활의 어려움을 보입니다. 환자가 자신의 우울한 감정과 슬픔을 표현하도록 격려하며 허용하는 태도로 환자를 지지하고 도울 수 있습니다.
* 마지막 수용의 단계에서 말기환자는 현실을 받아들이고 내적 평화와 안정을 찾습니다.
* 수용의 단계를 넘어 죽음의 6단계는 희망의 단계로 불자인 경우에는 극락왕생하여 아미타 부처님을 뵐 수 있다는 것으로 이해할 수 있습니다.

♣ 호스피스 · 완화의료를 통한 수용의 단계에 이르도록 이끈 예를 소개합니다.
50대의 가장이 사업에 실패하고 췌장암에 걸려 치료를 포기하고 있었습니다. 부인과는 이혼 상태이고 두 명의 아들과는 관계가 단절된 상황으로 아들 한 명은 군복무 중이었습니다. 호스피스 팀의 사회복지사는 긴급 의료보장시스템을 통해 환자를 호스피스 기관에 입원시켰고 봉사자들은 환자와 같이 이야기 하고 환자가 원하는 음악과 원예요법을 하였습니다. 종교가는 군대에 편지를 보내 아들의 휴가를 받았습니다. 환자분은 두 명의 아들과 며칠 간 같이 보내고 이혼한 부인과의 만남 후에 편안하게 임종했습니다.

질문 14. 호스피스·완화의료는 언제 시작하고 호스피스기관은 언제 가면 좋은가요?

* 호스피스·완화의료는 말기임을 알고 바로 시작하는 것이 좋고 일반적으로 임종 전 6개월부터는 시작하는 것이 좋습니다.
* 현재 호스피스 재원 기간은 평균 3주이지만 임종 하루 전에 오는 경우도, 의식이 없는 상태로 오는 경우도 있습니다. 늦게 오거나 의식이 없는 상태로 오면 호스피스·완화의료를 받기에 시간이 부족합니다.
* 너무 빨리 오거나 환자와 충분한 대화가 없을 때는 빨리 치료를 포기하는 것에 대한 환자의 섭섭함이 또한 있을 수 있습니다.
* 특히 환자 분이 의식이 없고 사전연명의료의향서를 작성해 두지 않은 채로 호스피스기관에 올 때는 연명의료중단에 대한 연명의료계획서를 작성하기가 복잡해집니다. 가족전체의 동의가 필요한 복잡한 상황이 될 수 있기 때문입니다.

질문 15. 품위 있는 죽음을 위해 중요한 것들은 무엇이 있는가요?

* 다른 사람에게 부담주지 않는 것입니다.
* 가족을 포함하여 의미 있는 사람과 함께 있는 것입니다.
* 주변정리하고 마무리하는 것입니다.
* 통증조절이 잘되는 것입니다.
* 종교적으로 안정된 상태입니다.
* 용서와 화해를 해주는 죽음입니다.
* 지금까지의 삶이 의미 있다고 생각하는 것입니다.

질문 16. 호스피스·완화의료에서 환자 본인의 자기결정권이 중요합니다. 보호자는 어떻게 지켜드릴 수 있는가요?

* 첫째 '나쁜 소식전하기'입니다. 조사에 의하면 건강한 일반 사람들에게 질문하면 말기임을 거의 다 알고 싶다고 합니다. 그러나 말기가 되고 나면 보호자 입장에서는 환자에게 알리기가 힘듭니다. 그러나 말기환자가 본인이 말기임을 모를까요? 보호자와 의료진이 소곤소곤 이야기하는 경우와 분위기 등으로 알 수 있습니다. 본인을 소외시킨다는 외로움과 서러움을 겪을 수 있습니다. 암이 걸렸고 말기라고 알고 있어야 생의 집착만이 아닌 삶의 마무리와 주변 정리를 잘 할 수 있습니다. 그러므로 평소에 지병이 있거나, 부모님이 연로하면 미리 '나쁜 소식전하기'에 대한 이야기를 나누는 것이 도움이 됩니다. 또한, 의료진과 상의하여 도움을 청하실 수 있습니다.
* 둘째는 말기상태와 임종이 언제, 어떤 모습으로 올지 모르기에 건강할 때 연명치료중단에 대한 본인 스스로의 결정인 '사전연명의료의향서' 작성이 중요합니다. 연세가 있는 부모님에게 사전연명의료의향서 작성의 취지와 중요성을 설명해 드리는 것이 좋습니다.
* 셋째는 종교입니다. 호스피스 어느 기관에서도 종교를 강요하지 않습니다. 타 종교의 호스피스병동에서도 불자 환자에게 어떤 강요 없이 찬불가를 불러 드리고 있습니다. 가족들은 고인의 종교를 포함한 자기결정권을 존중해 드려야 합니다.

질문 17. 말기환자들이 느끼는 고통과 두려움에는 어떤 것들이 있는가요?

* 신체적 고통입니다. 극심한 피로, 수면장애 등이 나타나며 특히 말기암 환자의 경우에는 통증조절이 꼭 필요합니다.
* 심리적, 정서적인 고통입니다. 외로움과 홀로 남겨지는 두려움입니다.
* 사회적인 고통입니다. 가족과 주변에 짐이 되는 걱정을 합니다. 환자의 나이가 상대적으로 젊을 때는 삶의 역할을 제대로 마치지 못한다는 고통을 느낍니다.
* 영적고통입니다. 영(spirit)는 바람, 입김, 숨 그리고 생명의 본질로 영성은 사람이 가진 궁극적인 의미, 신념, 가치의 관점에서 삶을 살고 이해하는 방식으로 영적 고통은 죽음에 직면하여 믿음, 가치체계와 삶의 원칙이 붕괴되는 고통입니다. 소멸의 두려움, 사후세계의 두려움, 기억되지 않을 것에 대한 두려움, 사람에게 왜 이런 고통이 존재하는가? 절대자는 있는가? 라는 질문을 하게 됩니다.
* 기능과 조절능력 상실의 고통입니다. 내 몸을 자유로이 움직일 수 없고 신체 기능이 파괴되는 것 또한 고통을 줍니다. 그러므로 작은 결정이라도 말기 환자분들이 하도록 여쭤보는 것이 도움 됩니다.

질문 18. 말기환자의 돌봄을 위해 중요한 사항은 무엇인가요?

* 함께 있어드리고 생각과 감정을 나누는 것이 가장 중요합니다. 환자의 신체적, 정서적 고통을 이해하고 있다는 믿음을 주고 공감해 줍니다. 말기환자의 말을 들어주기만 해도 많은 위안이 됩니다.
* 말기 환자라도 홀로 병실에 있는 것 보다는 교제를 원합니다. 그냥 옆에 있어 주는 것만으로도 큰 힘이 됩니다. 이때, 환자의 언어와 감정에 초점을 맞추고 이해하는 태도를 보여드립니다.
* 우리는 말기환자에게 다가가는 것이 두려우며 무엇을 말을 해야 할지 당황스러울 수 있습니다. 그러나 말기환자는 누군가 곁에 있어 이야기를 들어 주기를 원합니다. 언어적인 의사소통 뿐 아니라 비언어적 의사소통인 음성, 행동, 공감, 접촉에 대해서도 진심으로 공감하는 태도를 보여드립니다.
* 환자를 비판하지 말고 그대로 받아들입니다. 강요하지 말며 지시하지 않습니다. 또한 환자의 판단을 존중합니다.
* "기분이 어떠신가요?" 등으로 '예 / 아니오.'가 아닌 환자의 대화를 이끌어내는 질문을 하는 것이 좋습니다.
* 환자에게 좋았던 순간을 기억하게 하고, 하루하루를 의미 있게 보내게 도와주며, 환자가 사랑받고 있으며 필요한 존재라는 인식과 가치 있는 존재임을 인식하도록 도와드립니다.
* 암이 진행될수록 환자는 가족이나 다른 사람에게 의존하게 되며, 신체와 기능적으로 불가능한 것들이 많아집니다. 환자 스스로 치료, 하루 일정, 선호하는 음식 등의 작은 부문이라도 결정할 수 있게 도와드립니다.
* 환자가 인간으로 삶에 대한 성찰과 영적 성숙되도록 격려해드립니다.

❋ 존엄하게 돌아가시는 것의 기본은 통증조절입니다. 환자의 통증사정을 체계적으로 합니다.
❋ 갈등의 해결이나 화해를 적극적으로 도와드립니다.
❋ 사후세계 가능성에 대해 생각할 수 있게 도와드립니다. 실제 죽음이 끝이 아니고 사후세계가 있어 부처님을 뵙거나 다시 인간으로 태어나서 더욱 아름답게 살 수 있다는 가능성은 두려움을 줄이고 위로를 받으며 부처님의 자비광명 속에 임종할 수 있는 기회이자 보배입니다.

질문 19. 말기환자의 보호자가 환자의 의사결정능력이 상실된 상태에서 기왕의 사전의료의향서 작성이 없을 때 환자를 대신하여 연명의료계획서를 작성하는 경우가 있습니다. 이러한 경우 보호자는 연명의료결정을 내리는 것을 매우 힘들어 합니다. 그 이유는 무엇인가요?

❋ 첫째는 상실감입니다. 보호자가 환자와 직장 등으로 멀리 떨어져 지낸 경우 상실감이 특히 큽니다. 과거 환자가 편한 죽음을 원하셨고 호스피스·완화의료를 받기를 원하셨다는 이야기를 들려주어 환자의 뜻을 간곡히 전해 알게 하는 것이 중요합니다. 임종 직전에 가는 임종방을 보통은 3~4일간 사용하게 되는데(현재 4일간 의료보험) 더 오랜 기간 임종방에서 다른 사람들의 방해 없이 오롯하게 보호자가 환자의 임종을 돌보는 것이 도움이 될 수 있습니다.

* 둘째는 죄책감입니다. 부인이 나이가 젊은 말기환자이고 부인 가족들이 남편을 비난한다면, 남편이 연명의료계획서을 반대할 수 있습니다. 주변의 비난으로 연명의료중단을 못하고, 환자를 더욱 고통스럽게 하는 치료를 원하기 때문입니다. 이때 남편과 가족, 의료진은 안타까움과 죄책감보다는 환자가 편안한 죽음을 원한다는 사실에 초점을 두고 의논하여 결정해야 합니다.
* 셋째는 보호자가 모든 생활을 환자 간병에 매진한 경우입니다. 이 경우에도 환자가 편안한 임종을 원하는 것에 초점을 맞춰야 합니다.

질문 20. 실제 말기환자에게 가장 중요한 것들은 무엇인가요?

* 가족입니다. 사랑하는 가족이 옆에 있어주는 것만으로 위로를 받습니다.
* 부처님의 말씀과 경전입니다.
* 죽음의 5단계인 수용과 6단계인 희망의 단계에 이르게 하는데 가족과 종교가 큰 힘이 되고 호스피스 팀도 함께 노력하고 있습니다.
* 마지막 환자의 보호자의 소원 들어주기입니다. 어린 말기 환자인 소년의 바닷가 가기, 혼인식을 못 올린 부부의 결혼식, 임종 전 자식 결혼식 참여 등입니다. 호스피스 팀의 의료진, 사회복지사, 성직자, 봉사자들이 합심하여 말기환자의 소원 들어 주기에 합심하고 있습니다.
* 환자가 걱정하는 부분을 해결하도록 도와드리는 것입니다. 남기고 가는 어린 부인과 자식을 친척들이 나서서 돌봐주겠다고 이야기해드리는 것입니다.

♣ 70대의 노인이 위암으로 호스피스기관에 들어왔습니다. 부인과는 사별하였고 아들은 결혼을 하였으나 관계가 좋지 못한 독거노인이었습니다. 환자는 혼자 살았기에, 호스피스병동에 온 것에 대해 절망을 하는 것이 아니고 얼굴이 더욱 좋아졌습니다. 세 끼 준비된 식사와 봉사자들의 따뜻한 대화로 얼굴에 미소를 띠운 모습이 더욱 안타까웠습니다. 그 후, 환자 상태가 나빠지면서 사회복지사와 종교가가 아들에게 연락하여 아버님을 아름답게 보내드리자고 설득하였습니다. 그날 아들은 대답을 하지 않았지만, 다음날 가족을 모두 데리고 나타나 임종 순간까지 아들, 며느리, 손자의 방문과 위로를 받을 수 있었습니다. 이렇게 어긋난 관계를 호스피스 팀에서는 풀어주려고 합심하여 노력하고 있는 예입니다.

질문 21. 말기환자에서 보이는 증상에는 어느 것들이 있는가요?

* 각 질환과 환자의 상태에 따라 다양한 증상을 보이고 어떤 경우는 모든 증상이 나타 날 수도 있고 다른 경우에는 한 두 증상만 나타납니다.
* 불안, 우울증, 불면증, 섬망.
* 복수 / 부종, 장폐색.
* 설사, 변비.
* 오심 / 구토/식욕부진, 피로감, 악액질.
* 기침, 호흡곤란.
* 연하곤란 / 연하통.
* 통증.
* 말기분비물로 인한 가래 끊는 소리(death rattle).
* 어지러움 등.

질문 22. 말기암 환자를 간병하는 보호자에게 도움이 되는 것은 무엇인가요?

* 구강 합병증이 생기면 입맛의 변화와 나아가 감염의 원인이 되므로 구강의 건조를 피하고 자주 구강상태를 점검합니다. 양치와 입 헹구기에 주의하고 자극적 음식을 최소화합니다. 의식이 있을 때는 작은 얼음 조각이 도움 됩니다.
* 식욕부진이 옵니다. 미각의 변화로 입이 쓰고 금속성의 맛이 나기도 한다. 따라서 입을 자주 헹구어 주는 것이 좋습니다. 환기를 해 주는 것도 도움이 됩니다. 식욕에 도움이 되는 음식을 제공하며 온도가 정상적인 음식을 제공하지만, 음식 냄새 때문에 따뜻한 음식에 대해 식욕을 잃었다면, 연두부, 연어, 계란, 요거트, 과일 등의 찬 음식을 권해봅니다. 조금씩 자주 먹는 것을 권합니다.
* 변비가 생기면 장폐색이 생기는 것에 대한 주의가 필요합니다.
* 오심과 구토는 진행성 암 환자의 40~70% 오며 식이 조절로는 원하는 음식을 소량씩 드리며 미지근한 음료보다는 찬 음료가 도움이 됩니다.
* 욕창은 뼈가 돌출되어 있는 부위의 피부와 조직이 국소적으로 괴사를 가져옴으로 하루 한 번 이상 피부 점검하고 피부를 청결하게 합니다.
* 누워있을 때는 한 자세로 2시간 이상 있지 않도록 하고, 비스듬히 눕듯이 앉는 자세를 피하고, 침대에서는 발뒤꿈치가 닿지 않게 합니다.
* 휠체어에 앉을 때에는 휠체어 방석을 사용하고 30분 지나기 전 30초 엉덩이를 들어주고 뒷주머니에 단추가 있는 옷은 피해야 합니다.
* 불면도 환자와 보호자를 괴롭히는 증상입니다. 저녁에는 라디오나 독서 같은 자극적인 활동을 피하고 명상이나 이완요법을 하는 것이 도움이 됩니다.

* 불안은 병의 악화와 죽음에 대한 두려움 등으로 옵니다. 불면과 통증을 증가 시킬 수 있습니다. 증상이 심하면 정신의학과에 자문하며 호스피스 병동에서 하는 마사지, 향기요법, 명상 등의 보완요법이 도움이 되기도 합니다.
* 암환자에게 우울은 58% 정도로 많이 오며 자살위험에 대한 고려를 꼭 해야 합니다. 마사지 등의 보완요법과 운동, 햇볕이 도움이 됩니다. 무리가 되지 않으면 휠체어 산책으로 햇빛을 보는 것이 좋습니다.
* 간병하는 보호자는 많은 피로를 느끼므로 산책을 하며 신선한 공기를 마시고 햇빛을 보는 것이 좋습니다.

질문 23. 말기환자에게 보이는 말기섬망이란 무엇인가요?

* 섬망은 일반적으로 노인 환자에서 수술 후 급성 혼돈으로 착란증상을 보이는 증상으로 많이 알려져 있습니다.
* 말기환자의 섬망으로는 뇌에 생긴 종양, 경련, 전해질 불균형, 약물, 요 정체, 변비 등이 원인이 될 수 있습니다. 섬망은 초조, 환각과 망상이 보이는 과다 활동성과 침묵, 혼돈, 진정으로 보이는 과소 활동성으로 나눌 수 있고 두 종류가 합쳐진 경우도 있습니다.
* 의식의 장애와 인지에 변화를 보이고 급격한 발생을 보입니다. 공격적인 행동을 보이고 밤낮의 주기가 바뀝니다.
* 섬망의 비약물적 치료는 보호자가 달력과 시계를 제자리에 놓고 날짜와 시간을 상기시킵니다.
* 익숙한 물건을 두고 주변 사람의 수를 제한하는 것이 도움이 됩니다.
* 낮에는 조명을 어둡게 하지 말고 낮에 수면을 제한하며 보호자가 상주하면서 늘 곁에 있음을 알려 줍니다.
* 방광이 차 있는지, 딱딱한 변이 장을 막은 것은 아닌지 등도 확인합니다.
* 일반적인 임종과정은 보통 졸리면서 감각이 둔화되고 반혼수, 혼수로 빠지게 되나 말기섬망은 어려운 길로 안절부절, 혼돈, 환각, 반사적 경련, 발작에서 혼수로 들어갑니다.
* 말기환자의 섬망은 28~42%이지만 불안한 상황에서는 88%까지 매우 높을 수 있습니다.
* 말기섬망은 또한 임종이 72시간 내로 다가왔다는 것을 알려주는 증상이기도 합니다.
* 말기섬망은 환자에게는 정서적 고통을 안기고 의사소통의 장애, 치료의 비협

조와 침대 낙상 등에 의해 환자가 위험에 빠질 수도 있습니다.
* 일반적인 치료에 반응하지 않는 심한 말기 섬망은 약 10%로 보호자에게도 충격을 줄 수 있습니다. 이때는 죽음을 촉진하지 않고 고통을 경감시키는 말기진정을 합니다. 여명이 수일 이내로 예상되는 환자를 대상으로 진정제를 투여하는 방법입니다.

♣ 2018년 KBS 방송국에서 "어떤 죽음, 어느 의사의 마지막 날들"이란 프로그램을 보았습니다.

주인공은 일본의 호스피스 의사이자 사찰의 주지로, 사찰 안에 호스피스 병원이 있고 부인도 호스피스 의사입니다. 주인공은 이미 많은 환자에게 호스피스 의료를 하여 본인은 잘 죽을 수 있다고 주장합니다. 또한 부인에게는 임종 즈음에 말기섬망과 통증에 대한 걱정으로 말기진정제를 투입해 달라고 부탁합니다. 임종 3주 이전부터 섬망 증상으로 병실에서 뛰쳐나가는 모습을 보이며 부인에게 진정제를 투여해 줄 것을 계속 부탁합니다. 부인은 아직 임종 즈음이 아니기에 고민하다가, 딸도 의사이기에 딸과 환자 상태를 의논하여 진정제를 지속 주입합니다. 이런 말기환자와 보호자의 고민, 고통스런 상황이 임종 바로 직전까지 나옵니다.

그런데 한 가지 아쉬운 점이 있었습니다. 의사로서 이미 많은 환자에게 호스피스 의료를 해준 경험이 있는 주인공도 자신의 죽음 앞에서는 힘들어했습니다. 또한 부처님께 간절하게 기도하는 모습은 보이지 않았습니다. 이렇게 죽음이 남이 아닌 내 일이 되면 더욱 어려워진다는 것을 다시금 느끼게 해준 프로그램이었습니다. 그러므로 이제 우리는 부처님의 말씀을 새기면서 불교적 죽음 공부를 하야 하고 내가 임종 즈음이 되면 어떻게 할 것인지에 대한 깊은 생각과 결심이 중요합니다.

질문 24. 말기암 환자에서 통증치료는 호스피스완화의료에 있어 가장 기본이 되고 중요합니다. 말기환자의 통증관리는 어떻게 하는가요?

* 암으로 인한 통증은 암이 침습되어 나타나는 연관통과 수술과 방사선 치료 등의 암 치료로 인해 나타납니다. 특히 뼈에 암이 생기거나 전이되었을 때 암이 뼈에 침입하여 국소의 침해성수용체를 활성화시키거나 혹은 주위의 신경, 연부조직 혹은 혈관을 압박하여 통증을 유발합니다.
* 통증조절은 약과 주사제로 하고 정맥상태가 나빠지면 피하주사나 항문 등으로 투여됩니다. 필요에 따라 극심한 통증에는 마취통증의학과에서 신경차단을 하기도 합니다.
* 통증의 정도는 얼굴등급척도 등으로 표시하며 0점은 아프지 않은 상태, 10점은 가장 아픈 상태입니다. 대부분 머리맡에 두고 계속 측정하고 있습니다.
* 통증에는 지속적 통증과 돌발성 통증이 있습니다. 원칙적으로 지속형에는 서방형 약을, 돌발성 통증에는 약의 효과가 빨리 나타나는 속효성 약물을 사용합니다.
* 우리나라는 마약제제를 10~15년 전만 하여도 서구의 1/20로 적게 사용하였습니다. 말기환자들은 마약중독이 될까봐서 또는 의사와 보호자가 본인을 귀찮고 힘들어 할까봐 아픈 것을 참아 왔기 때문입니다. 현재는 많은 부분이 개선되고 있습니다.
* 환자가 무의식 상태인 경우, 얼굴을 통한 통증사정이 어렵습니다. 얼굴 찡그림, 생리적 징후 등 여러 요인을 가지고 측정하게 됩니다. 마약제제가 호흡을 저하시켜 임종을 재촉하지 않을까 하는 염려도 있지만 통증 조절이 잘된 환자는 임종도 편하게 맞이하므로 적절한 통증조절이 필요합니다.

* 전환요법, 이완요법, 음악요법, 심상요법, 호흡조절 요법 등의 보완요법이 도움이 됩니다.
* 임종시까지 환자의 상태에 따라 통증조절 약과 주사제의 용량을 증량과 감량은 하더라도 통증을 계속 측정하며 통증조절을 합니다.

♣ 통증조절에 자세한 내용은 148페이지에 있습니다.

질문 25. 가정 호스피스의 좋은 점은 무엇인가요?

* 나이가 들수록 친근한 환경과 물건에 애착이 생기고 편안해합니다. 이렇게 편하고 익숙한 장소인 집에서 임종하는 것은 좋은 방법입니다.
* 의료진 면허 박탈로 문제가 되었던 보라매 사건으로 집보다는 병원에서 대부분 임종하였고 2016년에는 28만 명 중 75%인 21만 명이 병원에서 사망하였습니다.
* 호스피스·완화의료에서는 호스피스 기관에서의 완화의료뿐 아니라 말기환자가 익숙한 가정에서 의료진, 성직자, 봉사지의 방문을 주기적으로 받으면서 응급상황에서는 호스피스 기관으로 가서 입원하고, 문제 해결 후에 다시 집으로 돌아오는 가정 호스피스 제도를 마련하고 있습니다.

질문 26. 말기환자, 보호자와 의료진이 함께하는 가족회의의 중요성은 무엇인가요?

* 말기환자는 가족 구성원들에게 매우 의존적이고 가족의 태도에 크게 영향을 받게 되므로 가족의 지지는 환자에게 가장 커다란 도움이 됩니다.
* 말기환자의 가장 큰 두려움은 병이 심화됨에 따라 가족이 자신을 포기할까봐 입니다.
* 말기환자 뿐 아니라 보호자들도 육체적, 정서적, 경제적으로 고통을 겪게 됩니다. 호스피스·완화의료는 말기환자의 보호자도 중심이 되며 보호자의 고통을 이해하면서 가족의 돌봄을 제공합니다.
* 말기환자 보호자는 긴장, 과로, 스트레스 등이 가중되어 극심한 피로, 수면장애 등의 증상이 나타납니다. 무력감, 상실에 대한 절망감과 부정적인 반응을 보인 것에 대한 죄책감, 고독감과 더불어 불안과 슬픔 등의 복합적인 심리적 고통을 느낍니다.
* 특히 말기 임종환자의 가족 내의 갈등은 환자를 돌보는 것이 중단 될 수 있는 등의 심한 갈등을 초래할 수 있습니다.
* 환자를 돌보다 보면, 가족 구성원 누군가가 환자를 간병하기 위하여 일을 그만두거나, 간병의 과로로 아프게 되거나, 재정적으로 어려움에 처하기도 합니다. 간병으로 다른 가족 구성원의 중요한 치료나 교육 계획을 미루거나 바꾸어야만 하는 어려움에도 직면하게 됩니다.
* 보호자인 가족들은 서로가 상처를 주지 않도록 격려하고, 역할을 나누거나 기간을 정하여 일을 분담하도록 합니다.

* 힘든 간병의 기간이 환자와 가족이 서로 애정을 나누고 가족으로서의 일체감을 가질 수 있는 귀중한 기회가 되기도 합니다.
* 보호자인 가족 간의 갈등을 중재하는 하나의 중요 방법으로 가족회의가 있습니다.
* 가족회의에 의료진과 보호자, 봉사자, 사회복지사, 성직자 등도 참석하고 요즘은 환자도 같이 참석하고 있습니다.
* 가족회의를 통해 의료적 정보를 공유하고 의료적 돌봄에 대한 결정을 내리고 걱정과 두려움을 나누고 가족의 힘에 대해 이해하게 됩니다. 그러나 바쁜 시대이므로 시간 부족과 시간조정의 어려움이 있습니다.

질문 27. 말기환자의 임종을 예측하는 기대여명은 환자와 보호자 모두 알고 싶어 합니다. 기대여명은 어떻게 예측되는가요?

* 기대여명은 의료진에게는 돌봄 계획을 세우는데 중요하며 환자와 보호자에게는 삶의 우선순위를 정하여 남은 시간을 지혜롭게 보내는데 중요합니다.
* 그러나, 실제 기대여명의 예측은 매우 어렵습니다.
* 환자의 수행상태, 환자의 증상과 징후, 의사의 예측과 여러통합예측(예로 PPI: Palliative Prognostic Index, 완화예후색인) 등을 포함해서 보게 됩니다.
* 보행, 의식수준 등을 보는 일상생활 수행능력과 경구섭취량, 부종, 안정시 호흡곤란, 섬망 등을 예측인자로 보기도 합니다.
* 임종 전 2~3주에 걸쳐 활동능력의 감소, 식욕저하, 피로감, 변비, 황달, 부종, 욕창이 악화됩니다.

질문 28. 환자의 임종기에서 임종돌봄의 중요한 원칙에는 무엇이 있는가요?

* 생명과 삶의 존중과 죽음의 과정에 대한 경의를 보입니다.
* 죽음을 서두르지도 늦추지도 않습니다.
* 가능하다면, 환자와 가족의 의사소통을 유지시키도록 합니다.
* 불필요한 수액과 약물 투여 등의 의학적 개입 보다는 환자의 안전과 편안함에 중요성을 둡니다.
* 가족돌봄을 함께 합니다.
* 임종예측을 통해 환자의 병실을 임종 3-4일 전에 임종실로 이동합니다.

질문 29. 임종돌봄 중 보호자에게 중요 사항은 무엇이 있는가요?

* 보호자께서는 말기환자가 급하게 나빠질 수 있는 급변의 가능성을 알고 대비하여야 합니다.
* 환자의 급변 뿐 아니라 가족들도 직장생활 등으로 바쁩니다. 그러므로 임종돌봄은 임종이 임박한, 임종 하루 이틀 전에부터가 아닌 임종 1~2주 전부터 시작하여 보호자가 충분히 임종돌봄을 하는 것이 좋습니다.
* 임종이 가까워지면 대부분의 환자는 식욕을 잃는 모습이 안타까워서 억지로 음식을 먹게 하면, 음식이 구역질을 유발하여 기도흡입의 위험을 초래 할 수 있습니다. 환자가 안타까워 보호자는 수액 공급을 원하기도 하지만, 수분 과부하와 분비물 증가로 인해 복수, 폐와 전신의 부종, 호흡곤란과 기침, 소변 증가 등이 생길 수 있어 오히려 해가 될 수가 있습니다. 또한 식욕 및 수분섭취 감소에 따른 탈수는 환자를 고통스럽게 하지 않으며 엔돌핀 분비를 촉진시키고 통

증의 감소를 가져오기 때문에 오히려 임종 직전의 환자를 보호하는 효과가 있습니다.

* 입술과 구강점막에 수분을 유지하게 하며 눈의 결막이 마르지 않게 관리합니다.
* 호흡곤란의 경우에는 환자의 불안을 줄여주고 조용한 환경을 유지하며 시원하고 신선한 공기가 들어오도록 하는 것이 도움 됩니다.
* 의식이 없는 환자라도 모든 것을 들을 수 있다고 가정하고 이야기해야 합니다. 환자가 의식이 없더라도 입술에 물에 적신 거즈 올림을 이야기하고 올려드립니다. 가족적인 분위기를 조성하며 환자를 대화에 포함하며 가족이나 간병인이 옆에 항상 있어 안전하다는 확신을 줍니다.
* 혈액순환 장애로 팔과 다리가 차가워지면 필요할 경우 담요를 덮어줍니다.
* 환자가 편안하게 임종하고 보호자가 최선을 다한 것은 임종 후 보호자에게 큰 위안을 줍니다. 임종 돌봄에 환자와 보호자가 함께 하여 소중한 시간을 보내는 것이 가장 중요합니다.

♣ **말기환자 급변은 환자의 질환에 따라 다양하며 출혈, 호흡부전, 심부전, 소화관 천공, 뇌혈관장애, 간부전, 혈전 등으로 올 수 있습니다.**

질문 30. 임종이 임박할 경우에 하는 임종돌봄은 어떻게 하는가요?

* 모든 목표는 환자의 편안함입니다.
* 논의를 통해 불필요한 약물과 수액을 제거합니다.
* 불필요한 카테터와 모니터링 등을 제거합니다.
* 보호자는 의료진과 면담을 통해 환자의 상태변화를 알고 수용하며 환자에게 "정말로 애 쓰셨습니다." 등 격려하고 긍정적인 이야기를 해 드리는 것이 중요합니다.

질문 31. 임종이 임박한 증상과 징후는 무엇인가요?

* 의식이 점차적으로 흐려지며 혼수상태에 빠집니다.
* 혈압이 일반적으로 떨어지고 맥박이 약하게 됩니다.
* 호흡이 비정상적으로 가쁘게 몰아쉬고 무호흡을 보이는 Cheyne-Stokes(체인스토크) 호흡을 보입니다.
* 말기 분비물의 증가와 삼키는 기능의 약화로 호흡 중에 꾸륵꾸륵 천명 소리가 납니다. 그러나 임종환자는 실제적으로 고통스러워하지 않는 것으로 알려져 있습니다.
* 손발이 차가워지며 점차 피부색이 파랗게 됩니다.
* 소변량이 감소합니다.
* 눈을 잘 감지 못합니다.
* 괄약근이 약화되어 실금을 하게 됩니다.

질문 32. 임종환경은 어떻게 유지하는 것이 좋은가요?

* 조용하고 평화로운 환경을 유지합니다.
* 방을 밝게 유지합니다.
* 환자가 좋아하는 음악을 틀어줍니다.
* 종교에 따라 불교경전이나 성경을 읽어 줍니다.
* 종교에 따른 발원문, 기도문을 읽어 드립니다.
* 마지막 순간 보호자는 심전도 파형과 알람 아닌 환자에게 집중합니다.

질문 33. 임종환자를 돌보는 도반, 자원봉사자는 어떻게 하는 것이 좋은 자세인가요?

* 환자와 보호자가 우선되어야 합니다.
* 환자는 인격체임을 명심하고 환자만 죽는 것이 아니고 나도 언젠가는 죽기 때문에 동일하다는 자세를 갖고 대해드립니다.
* 환자의 인생을 긍정합니다. "정말로 고생하셨습니다. 잘 견디셨습니다."
* 가장 중요한 것은 불자인 환자가 극락왕생하도록 환자의 염불심을 돕고 조념염불을 해드리는 것입니다.

질문 34. 임종판정은 무엇으로 하는가요?

* 호흡이 정지됩니다.
* 심전도 파형이 편편해지는 상심정지입니다.
* 눈에 빛을 비추어도 동공이 커지지 않는 반사의 소실입니다.
* 임종을 가정에서 할 경우에는 호흡정지, 맥박소실, 동공산대, 턱의 이완 등으로 임종을 확인할 수 있습니다.

질문 35. 보호자들이 겪는 사별애도에 대해 설명해 주십시오.

* 호스피스·완화의료는 사별애도, 사별관리와 사별지지도 중요시합니다.
* 사별의 고통은 수면장애 등의 신체적 고통, 정서적 고통, 대인관계 위축 등의 사회적 고통, 인생의 허무감 등의 영적 고통으로 나타납니다.
* 사별관리는 우선 슬픔에 대해 충분히 경청해 주고 충분히 슬픔을 표현하게 도와줍니다.
* 슬퍼하는 것이 약한 것이 아니고 더 빨리 회복 될 수 있음을 알려 줍니다.
* 고인을 떠나보내는 것에 조급한 마음을 갖지 않게 합니다.
* 보호자 스스로를 잘 돌보며 중요한 일의 결정은 조금 뒤로 미루게 합니다.
* 슬픔을 술과 안정제에 과도하게 의존 할 경우에는 전문가의 도움을 받게 합니다.
* 고인에게 편지쓰기, 빈 의자에 고인사진 놓기, 일기쓰기 등으로 구성된 사별 관리 상담과 사별자 모임 등이 있습니다.

질문 36. 현재 호스피스완화의료 중에서 취약하며 관심을 기울여야 할 부분은 어디인가요?

* 소아 호스피스·완화의료입니다.
* 1년에 약 1500여명의 소아암 환자가 백혈병, 뇌종양, 림프종 등으로 고통 받고 있습니다. 부모님 입장에서는 자식이 죽는다는 것을 받아들이지 못하기 때문에 소아 호스피스를 받기도 어렵고 환우들은 이유도 모른 채 고통 속에 죽어 갑니다. 환아와 부모님의 고통이 매우 큰 반면에 소아 호스피스의 전문 의료진도 부족합니다. 앞으로 정부의 소아 호스피스에 대한 관심과 집중을 기대합니다.
* 모든 종교에서 관심은 있지만 아직 활발하게 이뤄지지 못하고 있습니다. 요즘 사찰에서도 유치원에 관심을 갖고 있어 고무적이지만 소아 호스피스에 대한 관심과 준비가 필요합니다. 또한 말기 어린이 환우에게 놀이와 학습을 맡아주는 봉사단체와 봉사자가 많이 생기길 기원합니다.

질문 37. 자택에서 가정 호스피스를 받다가 임종할 때의 주의사항은 무엇인가요?

* 119에 신고하면 환자 상황에 따라 심폐소생술을 시행하거나, 사망이 확실하고 시간이 지난 경우에는 임종을 선언하고 때에 따라 112에 신고하여 병사(자연사), 자살, 타살을 확인받게 됩니다. 112에 신고가 될 경우를 대비하여 임종자를 옮기지 않고 임종한 상태를 유지하여야 합니다. 119 차량으로는 병원 장례식장으로 운구 되지 않습니다.
* 임종 후 병원 장례식장에 연락을 하고 장례식 차량이나 상조회 운구이송을 통해 응급실로 모십니다. 응급실 담당 의사가 사망확인 후 장례식장으로 입실하게 됩니다. 사망을 확인하는 문서인 시체검안서를 작성하는 경우에 환자의 진단서, 진료확인서, 소견서가 있다면 병사로 판단하는데 도움이 됩니다. 만약 사망 원인이 확실히 병사라고 판단하지 않는 경우에는 미상처리가 되고 경찰에 신고하여 검사의 지휘 및 수사를 받게 됩니다. 또한, 임종자가 외상이 있어 자살과 타살이 의심되면 112로 신고하게 되고 검사의 지휘 및 수사를 받게 됩니다.
* 법적으로 매장/화장은 시체 검안서나 사망 진단서가 있어야 할 수 있습니다.

질문 38. 병원전법단, 불교요양병원, 염불봉사단을 소개해 주십시오.

* 전국 병원법당이 있고 서울·경인지역은 20여개가 넘어 있습니다. 법당에는 법사스님과 불교봉사자들이 계십니다. 법당에서 기도할 수 있고 병상의례와 임종의례를 의논할 수 있습니다.
* 한국불교조계종 사회복지재단에서는 종단 사회복지기관의 운영지원, 관리와 자원봉사센터 등을 운영하고 있습니다. 홈페이지를 통해 자세히 알 수 있습니다.
* 말기환자와 보호자는 불교 호스피스기관과 불교 요양병원을 많이 찾고 계시지만 실제로 불교와 연관된 요양원은 많으나 의사가 상주한 요양병원은 상대적으로 매우 부족한 상황입니다.
* 전국사찰 등에 염불봉사팀이 있고 서울지역 염불봉사단체는 다음과 같습니다.
    - 조계종 사회복지재단 산하 조계종염불자원봉사단
    - 조계종 중앙신도회 부설 생활의례봉사
    - 불광사 연화부
    - 조계사 연화부
    - 봉은사 지장 상조회
    - 조계종 포교사단 염불포교팀
    - 사)한국불교연구원 도움염불회

질문 39. 호스피스·완화의료에 참고할 수 있는 곳은 어디인가요?

* 한국호스피스완화의료학회
* 국립암 센터
* 국가암 정보 센터
* 호스피완화의료
* 암성통증관리지침권고안
* 아름다운 동행 호스피스 완화의료

질문 40. 불교적 임종교육이 필요한 이유는 무엇인가요?

✽ 가장 중요한 것은 나의 죽음을 생각해 보는 것입니다.
✽ 죽음에 대한 생각에서 부처님의 말씀과 불교적 생사관을 알고 말기환자가 되어 또는 말기환자의 보호자로써 준비하고 해야 할 일을 정리하는 것입니다.
✽ 자신의 죽음과 부모님의 죽음을 생각하면서 앞으로의 삶을 의미 있게 살며 불자로 살겠다고 결심하고 실천하는 계기가 됩니다.
✽ 불교에서 호스피스를 알리고 실천하는 여러 스님들이 계시지만 불교호스피스병원과 요양병원은 매우 부족합니다. 불자들이 관심이 높아지면 종단병원인 동국대병원, 불교 요양병원과 불교 호스피스병원이 더욱 발전되고 확장 될 수 있기 때문입니다.
✽ 바쁜 보호자를 둔 말기 환자에게는 간병인과 요양보호자가 큰 역할을 하게 됩니다. 그러므로 환자와 보호자는 불자 간병인을 많이 바라고 있지만 매우 부족하며 불교적 임종에 대한 전문적 교육과 지식도 부족한 상황입니다. 많은 불자 간병인과 요양보호사의 양성과 교육이 필요하기 때문입니다.
✽ 불자들의 불교적 임종에 대한 교육과 결심이 필요하기 때문입니다.

♣ 불교기관 중 호스피스·완화의료에 대한 교육을 받을 수 있는 곳은 '한국불교호스피스협회, 마하보디교육원, 환희불교복지대학(부산), 병원전법단, 불교여성개발원 생명운동본부, 사)한국불교연구원' 등이 있습니다.

제6장

자료집

자료집

1. 불교의 관점에서 본 사전연명의료의향서 작성에 대한 이해

이 안내문은 '호스피스·완화의료 및 임종과정에 있는 환자의 연명의료결정에 관한 법률'(약칭: 연명의료결정법)에 따라 '사전연명의료의향서'를 작성하는 불자들이 법률이 의도하는 바를 불교적 관점에서 바르게 이해하도록 마련한 것입니다.

근래 의학의 비약적인 발전으로 죽을 수밖에 없었던 수많은 생명을 구할 수 있었고, 수명 또한 늘어났습니다. 그러나 삶의 마지막에 치료방법으로 사용되는 여러 종류의 첨단연명치료는 결과적으로 현대의학에 철학적이고 종교적인 근본적인 문제를 던지고 있습니다. 그것은 '치유되는 것이 아닌, 단순히 생명만을 연장하게 하는 것이 현대의학의 목적과 가치인가?'라는 문제입니다.

'연명의료란 치유의 가망이 없는 상태에서 생명의 연장만을 위한 의료행위를 말합니다. 그러나, 생의 마지막 시기에, '심폐소생술·인공호흡기·혈액투석·항암제 투여' 등의 연명의료는 오히려 환자와 가족들에게 고통을 더해주는 결과를 초래할 수도 있습니다. 따라서 연명의료보다는 삶을 정리하고 주변에 감사함을 전하며 마지막 순간까지 인간답게 살 수 있도록 삶의 질을 높이는 것이 오히려 '아름다운 마무리'로서 우리의 삶의 의미를 살리는 일일 것입니다.

우리나라는 2018년 2월 4일부터 '연명의료결정법이 전면적으로 시행되었습니다. '사전연명의료의향서'는 19세 이상이면 본인이 연명의료를 결정해야 할 때를 대비하여 누구나 자신의 의사에 따라 작성할 수 있습니다. 법령에 따라 작성하고 등록된 이 문서는 법적 효력을 갖게 됩니다. 이에 '사전연명의료의향서'를 '불교적인 입장'에서 이해하고 작성하는데 도움을 드리고자 합니다.

♣ 불교의 생사관(生死觀)

불교에서는 삶과 죽음은 서로 연기된 필연적인 것으로 보고 어느 종교보다도 죽음을 진지하게 다루고 있습니다. 이는 석가모니 부처님께서 생·노·병·사 의 문제를 해결하기 위해 출가 수행하여 마침내 깨달으신 후에 윤회를 벗어나셨다는 말에서도 나타납니다. 석가모니 부처님께서는 삶에 따르는 고통의 문제를 사성제, 12연기 등으로 밝히시고 이것을 해결하는 방법으로 팔정도를 말씀하셨습니다.

병이나 죽음은 당연히 고통스러운 것이며, 누구도 그런 고통으로부터 완전히 벗어나 있지는 못할 것입니다. 부처님조차도 생의 마지막에는 질병의 고통을 받으셨습니다. 하지만 부처님은 질병의 고통 속에서도 중생들의 행복과 정신적 발전을 위해 "비구들이여 참으로 그대들에게 당부하노니 형성된 것들은 소멸하기 마련인 법이다. 방일하지 말고 정진하라"는 말씀을 마지막으로 남기시고 열반하셨습니다. 부처님은 육신의 죽음을 회피하거나 생에 집착함이 없이 죽음을 예견하시고, 최후의 순간까지도 깨어있는 자로서 본보기를 보이신 것입니다. 이러한 부처님의 모습을 통해 삶의 마지막 순간에 우리가 가져야 할 올바른 자세에 대해 생각하고 배울 수 있습니다. 이와 같이 죽음을 맞이하는 태도는 부처님같이 깨달으신 분만이 할 수 있는 것이 아니라, 부처님을 본받아 살려고 하는 모든 불자들도 행할 수 있도록 마음의 자세가 되어야 한다고 생각합니다.

　우리가 왜 이런 마음자세를 개발해야 할까요? 이는 연기법에 따른 불교의 설명에서 잘 나타납니다. 불교는 금생의 마지막 죽는 순간의 마음 내생에 어떠한 방식으로 재생하는지를 결정하는데 중요한 역할을 한다고 가르칩니다.

　윤회의 과정에서 보면 '죽음'은 오온으로 이루어진 육신을 버리는 것이지만, 임종 순간의 마음이 선한지 악한지, 깨끗한지 더러운지에 따라 새로운 재생 형태를 취하게 된다고 가르칩니다. 선한 마음으로 죽는다면 그가 내생에 좋은 방식으로 태어날 것이며, 악한 마음을 갖고 죽는다면, 그는 좋지 않은 재생형태에서 태어나게 된다는 것입니다.

　이렇게 볼 때 올바른 생각을 갖고 죽음에 임하는 것이 참으로 불자들에게 중요할 것입니다. 만일 그가 죽음에 임하면서 후회와 증오 대신에 자신을 돌보아준 가족과 친지들에게 깊은 감사의 마음으로 작별인사를 한다면, 그의 마음은 분명 평화로울 것이고 이런 평화로운 마음이 그를 좋은 곳으로 이끌 수 있다는 것은 불교의 인연법에서 볼 때 당연할 것입니다.

　이와 같이 인연법에서 보듯이 가족과 타인들에 대한 자비는 우리 자신을 고귀하게 하고 우리 자신을 더 좋은 재생으로 이끌게 됩니다. 우리는 부처님처럼 우리의 죽음을 정확히 예견할 수는 없습니다. 그렇지만, 예견할 수 없는 죽음에 앞서 자신의 삶의 의미를 정리하고, 더 보람 있는 삶을 살고자 하는 결심은 우리의 남은 삶을 더욱 의미 있게 만들어 갈 수 있습니다. 이를 위해 바로 '사전연명의료의향서'를 작성하고자 하는 것입니다.

♣ 보시와 회향의 삶

　보시는 '베풂, 자선, 분배, 너그러움, 인색하지 않음' 등을 뜻하며, 집착과 조건 없이 남에게 주는 것을 말합니다. 부처님께서는 보시를 수행의 첫 번째 덕목으로 권하셨습니다.

　부처님께서는 보시에 대하여 다음과 같이 말씀하셨습니다.
　"어떤 이는 조금 있어도 베풀고, 어떤 이는 많아도 베풀지 않으니, 조금 있어도 베푸는 보시는 천 배의 가치가 있다. 주기 어려운 것을 주는 일, 하기 어려운 일을 하는 것은 보통사람은 흉내 낼 수 없으니, 옳은 사람의 가르침은 따르기 쉽지 않다. 이들은 죽은 후 가는 곳이 다르니 옳은 사람은 좋은 곳으로 가고, 옳지 못한 사람은 나쁜 곳으로 간다." 〈상윳따 니까야〉 1.4:2.
　보시에는 재시(財施. 물질적인 베풂) 뿐만 아니라, 법시(法施. 진리를 베풂)와 무외시(無畏施. 두려움을 없애줌)가 있지만, 물질만능의 사회에서 재물 보시를 하기란 쉽지 않습니다. 우리 불자들은 자기의 삶을 잘 마무리하기 위해 합리적으로 재산을 정리하여 자손들에게 합당한 유산을 남기고, 이웃에도 베풀어 자손들에게 모범을 보여야 하고 화목한 가족관계를 유지할 수 있도록 하는 것이 중요합니다.
　회향은 불교의 독특한 덕목으로 '방향을 바꿈'이라는 의미입니다. 그것은 자신의 공덕을 이웃에게 되돌려서 같이 나누고 베푸는 것입니다. 사람은 태어나서 죽는 순간까지 자연과 이웃으로부터 수많은 도움을 받습니다. 금생의 삶을 마무리하는 데 있어서 불자로서 잊지 말아야 할 것이 바로 도움에 대한 감사의 마음을 갖는 것과 '회향'입니다. 우리가 살면서 많은 업을 짓는데 그 중에는 불선업도 있고, 또 선업도 있습니다. 모든 업에는 그 과보가 따르게 마련입니다. 불선업의 좋지 않은 과보는 자기가 받고, 선업에 따른 좋은 과보로서 공덕은 자기만이 가질 것이 아니라, 모든 중생에게 되돌리고 널리 베푸는 것이 중요합니다. 이것이 바로 불교에서 중요하게 여기는 '회향'의 정신입니다.

  회향의 삶을 살기 위해서는 보살로서 서원이 필수입니다. 보살의 서원은 '상구보리 하화중생'의 발원과 그 공덕을 중생들에게 되돌리는 '회향'이 그 핵심입니다. 보살은 상구보리의 수행으로 깨달음을 향해 끝없이 정진하는 분입니다. 깨달음을 위한 수행의 방법으로는 경전공부·염불·지관수행 등이 있는데, 이것은 지혜를 닦고 높은 정신적인 경지에 도달하게 합니다. 이러한 수행의 결과로 이루어진 지혜 또한 남을 위해 회향해야 합니다.

2. 사전연명의료의향서 작성에 있어 주의사항

〈인간의 존귀함에 대하여〉

  인간은 존귀합니다. 그렇기에 다양한 의료행위는 무엇보다 인간으로서의 존엄과 가치 및 행복을 추구할 권리에 합당한 방식으로 이루어져야 할 것입니다.

  인간으로 태어나는 것이 얼마나 어려운지 부처님께서는 눈 먼 거북이의 비유를 통해 알려주십니다. 무량겁의 수명을 지닌 바다 거북이가 물속을 헤엄치다 100년에 한 번 숨을 쉬기 위해 수면 위로 떠올랐을 때, 그 넓은 바다에 떠다니던 구멍 뚫린 나무판자의 구멍에 우연히 목이 낄 확률보다 인간으로 태어나는 것이 어렵다고 하셨습니다. 이렇게 우리는 어렵게 인간으로 태어난 것입니다. 그리고 인간은 불성을 가진 존재로 누구나 존중 받을 자격을 갖고 있습니다. 끊임없는 정진을 통해 깨달음을 얻을 수 있는 엄청난 가능성을 우리가 가지고 있는 것입니다.

  따라서 이처럼 어렵게 얻은 인간으로서의 삶이 존귀하다는 것을 잊지 말아야 합니다. 그러므로 '삶의 마지막 순간을 어떻게 맞이할 것인가'에 대한 결정을 바르고 지혜롭게 해야 합니다.

〈안락사 거부에 대하여〉

　부처님께서는 무엇보다 '생명의 존귀함'을 설하셨습니다. 따라서, '불살생'이야말로 불교윤리의 중심에 위치하며 모든 자비행의 근본이 됩니다. 이러한 자비행은 모든 살아있는 중생을 위하는 마음에서 출발하지만, 동시에 우리 자신에 대해서도 불필요하고 해로운 행동을 하지 않는 것입니다. 왜냐하면 모든 중생에게는 불성이 존재하기 때문입니다. 따라서 우리는 아무리 힘들고 어려운 상황에 있다고 하더라도 쉽게 생명을 포기해서는 안 되는 것입니다. 조력하에 진행되는 안락사는 의도적으로 타인을 죽게 만드는 행위로, 이는 '불살생'의 불교윤리를 어기는 행위입니다. 따라서, 이러한 안락사는 거부되어야 합니다.

　그러나, 인간의 생명은 금생에서 언젠가는 끝날 수밖에 없는 연기된 것입니다. 석가모니 부처님께서 과거생에 행하신 수많은 선업들 중에 굶주린 호랑이 새끼들을 살리기 위해 육신을 보시하신 적이 있습니다. 이것은 자기 생명을 가볍게 여긴 것이 아니라 숭고한 자비심에서 나온 보살행이었습니다. 그러한 공덕이 쌓여 결국 부처를 이루는 밑거름이 된 것입니다.

　불자들은 윤회를 믿고 있습니다. 이번 생으로 모든 것이 끝난다면 수단과 방법을 가리지 않고 생명연장을 꾀해야겠지만, 우리는 업에 의하여 태어나고, 업을 지어가면서 살아왔고, 또 금생에 지은 업으로 다음 생을 이어갑니다. 다음 생에서는 금생에서 이루지 못한 깨달음을 이루겠다는 원을 가진다면 고통이 따르고 무의미한 생명연장만을 위한 연명의료보다는 자기 자신의 의지로 보살의 원을 세워 바르고 위대한 선택을 해야 할 것입니다.

〈호스피스·완화돌봄 권장〉

호스피스라는 말은 중세에 기독교인들이 유럽에서 예루살렘으로 성지순례를 하면서 생긴 말입니다. 성지순례의 험난한 도정에서 일어나는 많은 어려움들, 질병, 굶주림과 죽음을 맞게 되는 순례자들에게 음식과 휴식을 제공하고 병을 고쳐주며 조금이라도 편한 죽음을 맞게 해주는 종교적인 베풂이 호스피스의 시작이었습니다.

많은 사람들이 이런 개념은 기독교에만 있고 불교에는 없는 것처럼 잘못 알고 있습니다. 이는 이미 초기불교부터 시작되었습니다. 불교의 첫 번째 도량인 기수급고독원(祇樹給孤獨園)은 부처님 당시에 가난하고 어려운 사람이나 병자들을 돌보던 부처님의 재가신자인 급고독장자의 이름을 딴 것으로, 이러한 보시행이 깨달음이나 내세의 복덕을 증대시킨다는 믿음이 있습니다. 우리나라도, 특히 신라나 고려시대에 불교계가 빈민구제와 여행자를 위한 휴식시설 제공, 질병치료 등의 적극적인 사회 봉사행을 불교의 자비정신에 입각해 실천하고 있었다는 것은 역사적 사실입니다.

범망경은 다음과 같이 설하고 있습니다.
"만약에 불자가 일체의 앓는 사람을 볼 때에는 언제나 정성껏 공양드리는 바가 부처님과 똑같아야 하고 달라서는 안 된다. 여덟 가지 복전 중에는 병을 간호하는 것이 제일이다."라고 명시되어 있습니다. 사분율(四分律)에도 "나(붓다)를 공양하고자 하는 마음이 있으면 그 마음으로 병자를 공양하라."고 했습니다.

이러한 정성스런 간호는 삶의 마지막 순간에도 적용되어야 합니다. 이를 통해, 불필요한 통증은 조절되어야 하고, 각자의 상태에 맞는 의학적 조치가 취해져야 합니다. 이와 같은 신체적 돌봄 외에도 정서적·사회적·영적인 부분까지 총체적인 돌봄이 이루어져, 삶의 마지막 순간에도 불자로서 부처님 말씀을 따르고 정진할 수 있도록 도와주어야 합니다. 그래서 인간의 존엄함과 생명의 존귀함은 삶이 끝나는 마지막 순간까지 유지되고 존중되어야 합니다.

♣ 사전연명의료의향서

1. 2018년 2월 4일부터 「연명의료결정법」에 따라 19세 이상 성인은 건강한 상태에서도 '사전연명의료의향서'를 통해 연명의료에 관한 '본인의 의사'를 남겨놓을 수 있습니다. 자신의 의사를 표현하는데 있어 불자로서 부처님의 가르침에 따라 결정을 내리기 바랍니다. 아울러, 이 모든 결정이 자신의 자율적 결정에 의해야겠지만, 배우자나 가족 또는, 가까운 분들과 충분히 얘기를 나누는 것도 필요합니다. 연명의료란 임종과정에 있는 환자에게 하는 심폐소생술, 혈액투석, 항암제 투여, 인공호흡기 착용 등 의학적 시술로서 치료효과 없이 임종과정만을 연장하는 것입니다.
2. '사전연명의료의향서' 작성은 등록기관을 찾아가 충분한 설명을 듣고 작성해야 법적으로 유효한 서식이 됩니다.
3. '사전연명의료의향서'는 신체적·정신적으로 건강할 때 작성하는 것으로 일반적이고 원칙적인 의향을 표명하는 것입니다.
4. 이미 작성되었더라도 본인은 언제든 그 내용을 변경하거나 철회할 수 있습니다.
5. '사전연명의료의향서'가 없는 상태에서 질병 등의 문제로 환자 자신이 표현을 하는 것이 불가능한 상태'라면 평소 연명의료에 관한 환자의 의향을 '환자가족 2인 이상이 동일하게 진술하고 그 내용을 담당의사와 해당 분야 전문의가 함께 확인해야 합니다.

6. 만약 위의 모든 경우가 불가능하다면, '환자가족 전원이 합의'하여 환자를 위한 결정을 할 수 있고, 이를 '담당의사와 해당 분야 전문의'가 함께 확인하여야 합니다. '환자가 미성년자인 경우에는 친권자가 그 결정'을 할 수 있습니다.
7. 말기 또는 임종기에 있어 호스피스 '완화돌봄을 원하시는 경우' '사전연명의향서'에 정확하게 당신의 의향을 밝히시기 바랍니다.

3. 사전연명의료의향서 작성에서 자주 묻는 질문에 대한 Q & A

(출처: 국가생명윤리정책원, 보건복지부, 국립연명의료관리기관)

Q 연명의료결정법 제정으로 존엄사가 합법화된 것인가요?

(**아닙니다.** 연명의료를 유보 또는 중단하기 위해서는 반드시 환자가 임종과정에 있다는 의사 2인의 의학적 판단이 선행되어야 하며, 단순히 환자 스스로 임종을 선택하는 것만으로는 연명의료의 유보 또는 중단을 할 수 없습니다. 또한, 환자의 생명을 단축하는 시술을 시행하거나 물·영양소·산소의 단순 공급을 중단하는 것도 허용되지 않습니다.)

Q 사전연명의료의향서는 꼭 본인이 작성해야 하나요?

(**네.** 적법하게 작성된 사전연명의료의향서는 향후 특정 요건 하에서 본인의 의사로 간주되어 실제 연명의료를 시행하지 않거나 중단할 수 있는 근거가 될 수 있습니다. 따라서 반드시 사전연명의료의향서 등록기관의 충분한 설명을 듣고 본인이 직접 작성해야 합니다.)

Q 법 시행 이전에 사전연명의료의향서와 유사한 내용의 문서를 작성하였는데, 그것도 유효한가요?

(**아닙니다.** 원칙적으로 연명의료결정법에 따라 작성된 문서가 아니라면 사전연명의료의향서와 동일한 효력을 갖지는 않습니다. 다만, 환자가족 2인 이상이 환자 의사를 진술하는 경우에 객관적인 증거가 될 수는 있습니다.)

Q 사전연명의료의향서를 작성, 보관하려면 비용이 드나요?

(**아닙니다.** 사전연명의료의향서를 작성, 보관하는 데에는 비용이 발생하지 않습니다. 사전연명의료의향서 작성 시 비용을 요구하는 경우는 보건복지부가 지정한 등록기관이 아닐 수 있으니 유의하시기 바랍니다.)

Q 지속적인 식물인간 상태나 뇌사상태의 환자도 연명의료를 중단할 수 있나요?

(**아닙니다.** 지속적 식물인간 상태인지 여부나 통상 뇌사상태라고 지칭하는 환자인지 여부는 연명의료를 중단할 수 있는 충분한 요건은 아닙니다. 어떠한 상태의 환자라 하더라도 담당의사와 해당 분야의 전문의 1인이 해당 환자가 임종과정에 있는 환자라고 판단하는 경우에만 환자 의사 확인을 거쳐 연명의료를 중단할 수 있습니다.)

Q 환자가 의식이 있는 경우에도 환자가족이 환자에게 환자의 질병이나 임종과정에 있는지 여부를 알리지 않고 연명의료를 중단 또는 유보할 수 있나요?

(**아닙니다.** 환자가 의식이 있음에도 불구하고 환자에게 알리지 않고 가족이 대신 연명의료중단에 관한 의사결정을 하여서는 안 되며, 담당의사도 환자가 임종과정에 있다는 의학적 판단 및 환자의사의 확인 없이 무조건적으로 가족의 의사결정을 수용하여서는 안 됩니다.)

Q 연명의료를 유보하거나 중단하여 사망한 경우, 보험금 청구 시 불이익이 있나요?

(**아닙니다.** 연명의료결정법 제 37조에 따라, 이 법에 따라 연명의료중단결정 및 그 이행으로 사망한 사람과 보험금수령인 또는 연금수급자에 대하여, 보험금 또는 연금급여 지급 시 불리하게 대우해서는 안 됩니다.)

■ 호스피스 · 완화의료 및 임종과정에 있는 환자의 연명의료결정에 관한 법률 시행규칙 [별지 제6호서식]

(앞쪽)

사전연명의료의향서

※ 색상이 어두운 부분은 작성하지 않으며, [ ]에는 해당되는 곳에 √표시를 합니다.

등록번호		※ 등록번호는 등록기관에서 부여합니다.	
작성자	성 명	주민등록번호	
	주 소		
	전화번호		
연명의료중단등결정 (항목별로 선택합니다)	[ ] 심폐소생술	[ ] 인공호흡기 착용	
	[ ] 혈액투석	[ ] 항암제 투여	
호스피스의 이용 계획	[ ] 이용 의향이 있음	[ ] 이용 의향이 없음	
의향서 등록기관의 설명사항 확인	설명 사항	[ ] 연명의료의 시행방법 및 연명의료중단등결정에 대한 사항	
		[ ] 호스피스의 선택 및 이용에 관한 사항	
		[ ] 사전연명의료의향서의 효력 및 효력 상실에 관한 사항	
		[ ] 사전연명의료의향서의 작성 · 등록 · 보관 및 통보에 관한 사항	
		[ ] 사전연명의료의향서의 변경 · 철회 및 그에 따른 조치에 관한 사항	
		[ ] 등록기관의 폐업 · 휴업 및 지정 취소에 따른 기록의 이관에 관한 사항	
	확인	년 월 일 성명	(서명 또는 인)
환자 사망 전 열람허용 여부	[ ] 열람 가능	[ ] 열람 거부	[ ] 그 밖의 의견
사전연명의료 의향서보관방법			
사전연명의료 의향서 등록기관 및 상담자	기관 명칭	소재지	
	상담자 성명	전화번호	

본인은「호스피스 · 완화의료 및 임종과정의 환자에 대한 연명의료결정에 관한 법률」제12조 및 같은 법 시행규칙 제8조에 따라 위와 같은 내용을 직접 작성하였습니다.

등록일   년   월   일
등록자   (서명 또는 인)

작성일   년   월   일
작성자   (서명 또는 인)

■ 호스피스 · 완화의료 및 임종과정에 있는 환자의 연명의료결정에 관한 법률 시행규칙 [개정 2018.2.2]

(앞쪽)

연명의료계획서

※ 색상이 어두운 부분은 작성하지 않으며, [ ]에는 해당되는 곳에 √표시를 합니다.

등록번호		※ 등록번호는 등록기관에서 부여합니다.	
환자	성 명		주민등록번호
	주 소		
	전화번호		
	환자 상태	[ ] 말기 환자	[ ] 임종과정에 있는 환자
담당의사	성 명		면허번호
	소속 의료기관		
연명의료중단등결정 (항목별로 선택합니다)	[ ] 심폐소생술		[ ] 인공호흡기 착용
	[ ] 혈액투석		[ ] 항암제 투여
호스피스의 이용 계획	[ ] 이용 의향이 있음		[ ] 이용 의향이 없음
담당의사 설명사항 확인	설명 사항	[ ] 환자의 질병 상태와 치료방법에 관한 사항 [ ] 연명의료의 시행방법 및 연명의료중단등결정에 관한 사항 [ ] 호스피스의 선택 및 이용에 관한 사항 [ ] 연명의료계획서의 작성 · 등록 · 보관 및 통보에 관한 사항 [ ] 연명의료계획서의 변경 · 철회 및 그에 따른 조치에 관한 사항 [ ] 의료기관윤리위원회의 이용에 관한 사항	
	확인 방법	[ ] 서명 또는 기명날인 년 월 일 성명 (서명 또는 인) [ ] 녹화 [ ] 녹취 ※법정대리인 년 월 일 성명 (서명 또는 인) (환자가 미성년자인 경우에만 해당합니다)	
환자 사망 전 열람허용 여부	[ ] 열람 가능	[ ] 열람 거부	[ ] 그 밖의 의견

「호스피스 · 완화의료 및 임종과정에 있는 환자의 연명의료결정에 관한 법률」제10조 및 같은법 시행규칙 제3조에 따라 위와 같이 연명의료계획서를 작성합니다.

년 월 일

담당의사   (서명 또는 인)

4. 암환자의 통증조절

암환자의 통증은 근본적으로 암세포가 완전히 없어지지 않는 한 계속되어 대부분 만성 통증으로 발전합니다. 통증은 환자마다 각자 다르게 나타나지만, 암환자의 75~80% 정도가 통증을 호소합니다. 통증을 유발하는 빈도는 암 종류별로 달라서 뼈에서 기원한 암(85%), 구강 내 암(80%), 비뇨생식기암(70%), 유방암(50%), 폐암(45%) 등이 있고, 이 암들이 뼈로 전이된 경우에는 통증이 더 심합니다.

통증은 생존 기간 동안 환자 및 그 가족의 삶의 질을 결정하는 가장 큰 요인입니다. 통증이 심해지면 불면 및 식욕 저하가 지속되면서 체력이 저하되고, 정신적으로 불안, 우울과 죽음에 대한 공포가 심해지면서 더욱 심한 통증을 느끼게 됩니다. 결국 이러한 악순환은 환자의 질병 극복에 대한 의지를 약하게 합니다. 따라서 환자가 호소하는 통증에 대해 즉각적이고 적극적인 해결 방안을 마련해 주는 것이 중요합니다. 암성 통증은 적극적인 통증 치료로 대부분 조절할 수 있으므로 통증이 있다면 의료진에게 꼭 말씀하십시오.

1) 통증조절의 원칙

약물을 통한 통증 조절의 가장 중요한 원칙은 환자 개개인에게 적합한 진통제의 종류 및 용량을 선택하여 상황이 허락하는 한 일정한 시간 간격으로 먹는 진통제를 우선 투여하는 것을 기본 원칙으로 합니다.

진통제는 통증의 종류 및 강도에 따라 비마약성 진통제와 마약성 진통제를 사용합니다. 비마약성 진통제 또는 마약성 진통제에 진통 보조제를 병용하면 진통 효과를 증대시킬 수 있습니다. 예를 들어 저리거나, 타는 듯하거나 따끔따끔하게 아픈 통증을 느낀다면, 이는 암세포 또는 암치료로 인하여 신경이 손상되었음을 의미하는 것입니다. 이 경우에는 항경련제나 항우울제의 병용이 통증을 조절하는 데 도움을 줄 수 있습니다.

  암환자의 통증 조절에는 약물 치료, 심리사회적 지지, 중재적 통증 치료, 방사선 치료 등을 포괄하여 다학제적으로 접근해야 합니다. 비약물적 방법으로는 마사지, 냉찜질/온찜질, 심호흡과 이완요법, 상상요법, 기분전환 등이 있습니다. 음악을 듣거나 텔레비전을 보는 것과 같이 통증으로부터 주의를 환기시키는 것도 좋은 방법입니다.

2) 암성 통증 및 통증 조절에 대한 오해

  많은 환자들이 통증에 대하여 다음 내용과 같이 오해하면서 통증을 적절히 표현하지 않아 통증 조절이 잘되지 않는 경우가 있습니다.

〈오해 내용〉

- * 통증이 있다는 것은 질병이 악화됨을 의미한다.
- * 진통제를 자주 쓰면 중독될 수 있다.
- * 진통제를 사용해도 실제로 통증을 조절할 수 없다.
- * 통증이 심해질 경우를 대비하여 진통제를 아껴 두어야 한다.
- * 초기부터 진통제를 사용하면 나중에 통증을 조절할 수 없다.
- * 통증은 가능하면 참고 못 견딜 때만 진통제를 사용해야 한다.
- * 진통제로 인한 부작용을 참는 것보다 통증을 참는 것이 쉽다.
- * 통증을 호소하는 것이 의사의 주의를 분산시켜 효과적으로 하지 못하게 할 수 있다.

3) 진통제에 대한 오해에 대한 해결

* 암성 통증은 암 세포로 인해 조직이 손상되어 발생하는 것으로 한 번 생긴 통증은 대부분 만성 통증으로 지속됩니다. 때문에 통증 자체가 질병의 악화를 의미하지는 않습니다.
* 많은 환자들이 진통제에 중독이 되는 것이 두려워 약을 복용하지 않거나 약의 복용을 주저하기도 합니다. 그러나 암성 통증의 조절을 위해 마약성 진통제를 복용하는 것으로는 중독이 되지 않습니다. 도리어 약 복용을 갑자기 중단하면 금단 증상(고열, 발한, 급작스럽고 강한 통증과 불면)이 발생할 수 있습니다.
* 통증은 진통제의 사용 및 다양한 방법을 통해 상당부분 조절될 수 있습니다. 말해봤자 조절되지 않을 것이라는 생각 대신, 정확하게 통증에 대해 이야기해야 통증이 잘 조절될 것이라는 생각이 필요합니다.
* 많은 환자분들이 진통제를 많이 복용하면 통증이 심해졌을 때, 더 이상 사용할 약이 없을 지도 모른다는 생각에 약을 아낍니다. 그러나 마약성 진통제는 용량의 제한이 없으므로 나중을 위해 약을 아낄 필요가 없습니다. 또한, 통증이 심해질 때까지 참은 후 진통제를 복용하는 것 보다 통증이 시작되기 전에 진통제를 복용하는 것이 통증 조절에 더 효과적입니다. 체내 진통제 농도가 낮게 떨어지는 시간에 통증이 더 심하게 느껴지기 때문입니다. 진통제를 복용하는 목적은 다음에 오게 될 통증의 예방이 주된 목적이기 때문입니다.
* 진통제로 인한 부작용은 대부분 일시적인 것이며, 쉽게 조절 가능합니다. 그러나 통증은 만성적으로 지속되는 것이며, 환자분의 삶의 질에 더 많은 악영향을 끼칠 수 있습니다.

* 어디가 어떻게 아픈지를 말하는 것은 의사의 진단에 도움을 줍니다. 그러나 통증만으로 질환의 발병이나 전이가 진단되는 것은 아닙니다. 통증을 우선적으로 완화시키고 기저 질환의 진단이나 치료를 진행해도 전체 경과에 크게 지장은 없습니다.

4) 마약성 진통제 복용 방법

1. 진통제를 규칙적으로 복용하는 중간에 갑자기 통증이 생기거나, 통증이 심해질 경우 미리 처방받은 속효성 진통제를 복용합니다. 통증이 심해질 때까지 참지 말고, 즉시 복용합니다.
2. 복용을 잊었을 경우, 생각났을 때 바로 복용합니다. 만약 다음 복용 시간에 생각났을 경우에는 이전에 지나친 약은 무시하고, 다음 회의 정해진 분량만 복용합니다. 즉 2중 복용은 피합니다.
3. 지속형 약은 씹거나 갈아서 복용하지 마시고 그대로 복용합니다. 약 자체가 오래도록 진통 효과를 나타내도록 특수한 형태로 제조되었기 때문입니다.
4. 다른 사람의 진통제는 복용하지 않습니다. 과거에 효과가 있었던 약이나, 친구나 친척이 복용하던 약은 환자에게 맞지 않을 수 있습니다. 마약성 진통제는 암환자의 진통 목적으로 사용되는 약이므로 일반적인 통증이나 다른 목적으로 사용하면 위험합니다.
5. 담당 의사 및 약사와 상의 없이 기타 진통제, 수면제, 진정제, 항우울제 등을 복용하면 안 되며, 시중 약국에서 임의대로 진통제를 사서 먹으면 안 됩니다.

6. 임의대로 약 복용량을 늘리거나 줄이면 위험합니다. 지시된 용량만큼만 약을 복용하되, 약을 복용해도 통증이 사라지지 않고 계속되면 약용량이 적은 경우이므로 진료 시 상세하게 말합니다. 또한 지시된 양을 복용하면 통증은 없으나 계속해서 잠만 잔다든 지, 너무 가라앉는 느낌이 심하면 약의 용량이 많을 수 있으니 진료 시 의사에게 상세하게 말합니다.
7. 마약성 진통제 복용 초기 약에 대한 적응 과정으로 메스꺼움과 구토, 불면이나 다면, 어지러움이 나타날 수 있습니다. 이는 약 복용 후 1~2주가 지나면 대부분 사라집니다. 이런 부작용은 조절할 수 있으므로 부작용이라고 생각되는 증상이 나타나면 의료진에게 말합니다. 마약성 진통제의 부작용 중 변비는 가장 흔한 부작용으로 수분섭취나 식이섬유 섭취를 늘리거나 변비약을 처방받아 조절할 수 있습니다.

5. 임종시 의례

* 스님 집례: 삼귀의 – 반야심경 – 수계 – 법문 또는 독경 – 염불 – 극락세계 발원문 – 사홍서원

* 재가불자 집례: 삼귀의 – 반야심경 – 수계 – 독경(아미타경, 금강경 등) – 나무아미타불 염불 – 극락세계발원문 – 사홍서원

♣ 임종의례는 임종 전에 하는 것으로 임종 후에도 빈소가 차려지기 전까지는 할 수 있습니다. 만약 임종 후에 임종의례가 이뤄지면 수계에서 삼귀의례와 오계 대신 무상계를 줍니다.

♣ 환자 상태가 다급하다면 모든 것을 생략하고 일심으로 나무아미타불 염불을 합니다.

◆ 삼귀의

나무상주시방불
나무상주시방법
나무상주시방승

◆ 대한불교 조계종 표준 한글 반야심경

마하반야바라밀다심경

관자재보살이 깊은 반야바라밀다를 행할 때, 오온이 공한 것을 비추어 보고 온갖 고통에서 건너느니라.

사리자여! 색이 공과 다르지 않고 공이 색과 다르지 않으며, 색이 곧 공이요 공이 곧 색이니, 수 상 행 식도 그러하니라.

사리자여! 모든 법은 공하여 나지도 멸하지도 않으며, 더럽지도 깨끗하지도 않으며, 늘지도 줄지도 않느니라.

그러므로 공 가운데는 색이 없고 수 상 행 식도 없으며, 안 이 비 설 신 의도 없고, 색 성 향 미 촉 법도 없으며, 눈의 경계도 의식의 경계까지도 없고, 무명도 무명이 다함까지도 없으며, 늙고 죽음도 늙고 죽음이 다함까지도 없고, 고 집 멸 도도 없으며, 지혜도 얻음도 없느니라.

얻을 것이 없는 까닭에 보살은 반야바라밀다를 의지하므로 마음에 걸림이 없고 걸림이 없으므로 두려움이 없어서, 뒤바뀐 헛된 생각을 멀리 떠나 완전한 열반에 들어가며, 삼세의 모든 부처님도 반야바라밀다를 의지하므로 최상의 깨달음을 얻느니라.

반야바라밀다는 가장 신비하고 밝은 주문이며 위없는 주문이며 무엇과도 견줄 수 없는 주문이니, 온갖 괴로움을 없애고 진실하여 허망하지 않음을 알지니라. 이제 반야바라밀다주를 말하리라.

아제아제 바라아제 바라승아제 모지 사바하 (3번)

◆ 반야심경

마하반야바라밀다심경

관자재보살 행심반야바라밀다시 조견오온개공 도일체고액

사리자 색불이공 공불이색 색즉시공 공즉시색 수상행식 역부여시

사리자 시제법공상 불생불멸 불구부정 부증불감 시고 공중무색

무수상행식 무안이비설신의 무색성향미촉법 무안계 내지 무의식계

무무명 역무무명진 내지 무노사 역무노사진 무고집멸도 무지역무득

이무소득고 보리살타 의반야바라밀다고 심무가애 무가애고 무유공포

원리전도몽상 구경열반 삼세제불 의반야바라밀다고 득아뇩다라삼먁삼보리

고지 반야바라밀다 시대신주 시대명주 시무상주 시무등등주 능제일체고

진실불허 고설반야바라밀다주

즉설주왈

아제아제 바라아제 바라승아제 모지 사바하 (3번)

◆ 수계

거사바세계 차사천하 남섬부주 동양 대한민국 ○○시 ○○○ 도량 금일 지극지 정성 수계 발원재자 ○○○ 불자는
삼보님전에서 생전의 업장을 참회하고 새로운 불제자가 되기 위하여
삼귀의계와 오계를 받고져 하오니 이를 허락하고 증명하여 주옵소서.
다생토록 삼보를 비방하고 불법을 멀리했던 죄악을 참회하옵니다.
신구의 삼업으로 지은 모든 죄를 일심으로 참회하옵니다.
몸으로 저지른 살생, 투도, 사음을 참회하옵니다.
입으로 저지른 망어, 기어, 악구, 양설을 참회하옵니다.
뜻으로 저지른 탐애, 진에, 우치를 참회하옵니다.
평생토록 나만을 생각하고 남에게 베풀지 않았음을 진실로 참회하옵니다.
교만한 마음으로 부모와 가족이나 친구와 아는 이에게 저지른 잘못을 참회하옵니다.
나의 표독한 말이 칼이 되어 가슴에 꽂혀 있고,
나의 잘못된 행이 짐이 되어 온몸을 누르며,
나의 어리석은 뜻으로 마음의 괴로움을 당한 모든 이에게
진실로 참회하옵니다.
인생살이 영원할 줄 알았으나 금생도 다하였으니
일생토록 저지른 모든 잘못 일심으로 참회하옵니다.
제불보살님이시여!
○○○ 불자의 진실한 이 참회 거둬주셔서
다음 생에는 새로운 몸을 받아
불보살님 항상 모시고 깨달음 얻게 하여 주옵소서.

◆ 참회진언

옴 살바못자 모지 사다야 사바하 (3번)

◆ 연비

(불 없는 향으로 진행 합니다.)

◆ 삼귀의계

큰 배 의지하여 물을 건너고 등불 의지하여 길을 밝히듯
삼계 고통바다 건너는데 삼보 자비광명 으뜸일세.
천상천하 존귀하신 부처님께 귀의하오리
한량없는 대지혜의 가르침에 귀의하오리
청정하신 화합승중 스님들께 귀의하오리
거룩하신 부처님께 귀의합니다.
거룩하신 가르침에 귀의합니다.
거룩하신 스님들께 귀의합니다.
붓담 사라남 가차미
담맘 사라남 가차미
상감 사라남 가차미
이 법사가 부처님의 위신력 빌어
○○○ 불자에게 삼귀의 설하노니
영원토록 불자됨을 잊지 마소서.

◆ 오계

○○○ 불자는 이미 삼귀의계를 수지하여 진실된 불제자가 되었사오니
이제는 오계를 받아 사바의 번뇌를 끊어버리고
열반의 저 언덕에 오르소서.
부처님의 계는 중생이 의지할 바이며,
극락세계 왕생함에 지름길이며 중생으로 하여금 부처가 되도록 하나니,
○○○ 불자는 즐거운 마음으로 오계를 수지하소서.
오계의 첫째는 불살생이니,
생명을 존중하여 죽이지 말고 자비를 베풀지어다.
오계의 둘째는 불투도이니,
남의 물건 훔치지 말고 보시를 행할지어다.
오계의 셋째는 불사음이니,
외도를 행하지 말고 청정행 지킬지어다.
오계의 넷째는 불망어이니,
타인을 속이지 말고 진실을 말할지어다.
오계의 다섯째는 불음주이니,
술을 먹지 말고 지혜로운 사람이 될지어다.
(불명이 없는 환자는 불명을 새로 주는 것이 좋다.)
(임종 후에는 삼귀의례와 오계 대신 무상계를 줍니다.)

(출처: 정토삼부경. 한보광 역, 민족사)

◆ 한글아미타경

제 1장 서분

제 1절 경문의 증명

이와 같이 내가 들었다. 어느 때 부처님께서 사위국 기수급고독원에 계시었다. 그 때 천이백오십 인이나 되는 많은 비구들과 함께 계시었는데, 그들은 모두 덕이 높은 많은 아라한으로 여러 사람들이 잘 아는 이들이었다.

즉 장로 사리불, 마하목건련, 마하가섭, 마하가전연, 마하구치라, 이바다, 주리반타가, 난타, 아난다, 라후라, 교범바제, 빈두로파라타, 가류다이, 마하겁빈나, 박구라, 아누루타와 같은 큰 제자들이었다. 이 밖에 보살마하살과 문수사리법왕자를 비롯하여 아일다보살, 건다하제보살, 상정진보살 등 큰 보살과 석제환인 등 수많은 천인들도 자리를 같이 했었다.

제 2장 정종분

제 1절 극락세계의 공덕장엄

1. 총설

그 때 부처님께서 장로 사리불에게 말씀하셨습니다.

"여기에서 서쪽으로 10만억 불토를 지나서 극락이라고 하는 세계가 있느니라. 거기에는 아미타불이 계시어 지금도 법을 설하시느니라."

2. 극락의 의보장엄(依報莊嚴)

"사리불이여, 그 세계를 어째서 극락이라고 하는가 하면, 그 나라의 중생들은 아무런 괴로움도 없고, 다만 모든 즐거운 일만 받으므로 극락이라고 하느니라.
또한 사리불이여, 극락국토에는 일곱 겹으로 된 난간과 일곱 겹의 나망(구슬로 장식된 거물)과 일곱 겹으로 된 가로수가 줄지어 있는데, 모두 네 가지 보배로 이루어져 온 나라에 두루하기 때문에 극락이라고 하느니라."

"사리불이여, 극락국토에는 칠보로 된 연못이 있는데, 그 가운데에는 여덟 가지 공덕을 갖춘 팔공덕수로 가득하느니라. 연못 바닥에는 순전히 금모래가 깔려있고, 연못 둘레에 있는 사방의 계단은 금, 은, 유리, 파려 등으로 되어 있느니라. 또 그 위에는 누각이 있는데, 금, 은, 유리, 파려, 자거, 적진주, 마노 등으로 장엄하게 꾸며져 있느니라. 연못 속에는 수레바퀴 만한 연꽃이 피어 있는데, 푸른 연꽃에는 푸른 광채가 나며 누런 연꽃에는 누런 광채가 나며, 붉은 연꽃에는 붉은 광채가 나고, 흰 연꽃에는 흰 광채가 나는데 미묘하고 향기롭고 정결하느니라. 사리불이여, 극락국토에는 이와 같은 공덕장엄으로 이루어져 있느니라."

"사리불이여, 저 불국토에는 항상 천상의 음악이 연주되고, 대지는 황금색으로 이루어졌으며, 밤낮 여섯 차례에 걸쳐서 만다라화 꽃비가 내리느니라. 그 나라의 중생들은 항상 이른 아침마다 여러 가지 아름다운 꽃을 바구니에 담아 가지고 다른 세계로 다니면서 10만억 부처님께 공양하고 조반 전에 돌아와서 식사를 마치고 산책하느니라. 사리불이여, 극락세계는 이와 같은 공덕장엄으로 이루어졌느니라."

"그리고 사리불이여, 그 나라에는 항상 아름답고 기묘한 여러가지 빛깔을 가진 새들이 있는데 백학새, 공작새, 앵무새, 사리새, 가릉빈가, 공명조 등이 밤낮을 가리지 않고 항상 화평하고 맑은 소리로 노래하느니라. 이 소리는 오근과 오력과 칠보리분과 팔정도를 설하느니라. 그 나라 중생들은 이 소리를 듣고 나서 모두 부처님을 생각하고 가르침을 생각하며, 스님들을 생각하느니라."

사리불이여, 그대는 이 새들이 실제로 죄업의 과보로써 생긴 것이라고는 생각하지 말아라. 왜냐하면 그 불국토에는 삼악도가 없기 때문이니라.

사리불이여, 그 불국토에는 삼악도라고 이름조차도 없는데, 어찌 삼악도가 실지로 있겠느냐? 이와 같은 새들은 모두가 아미타불께서 법문을 널리 베풀고자 하여 화현으로 이루어진 것이니라.

사리불이여, 그 불국토에는 미풍이 불면 모든 보석으로 장식된 가로수와 나망에서 미묘한 소리가 나는데, 그것은 마치 백천 가지 악기로 합주하는 듯하느니라. 그 소리를 듣는 사람은 모두 부처님을 생각하고, 가르침을 생각하며, 스님들을 생각할 마음이 저절로 우러나느니라. 사리불이여, 극락세계는 이와 같은 공덕장엄으로 이루어졌느니라."

3. 극락의 정보장엄(正報莊嚴)

"사리불이여, 그대는 저 부처님을 어째서 '아미타불'이라고 하는 줄 아는가? 사리불이여, 그 부처님의 광명이 한량없이 시방세계를 두루 비추어도 조금도 걸림이 없기 때문에 그 이름을 아미타불이라고 하느니라. 또한 사리불이여, 그 부처님의 수명과 그 나라 백성들의 수명이 한량없고 끝이 없는 아승지겁이므로 그 이름을 아미타불이라고 하느니라."

"사리불이여, 아미타불이 성불한 지는 이미 10겁이 지났느니라."
"사리불이여, 그 부처님에게는 헤아릴 수 없이 많은 성문제자들이 있는데, 모두 아라한들이니라. 그들의 숫자는 어떠한 산수로도 능히 알지 못하며, 보살 대중의 수도 또한 그러하느니라. 사리불이여, 극락세계는 이와 같은 공덕장엄으로 이루어졌느니라.
또한 사리불이여, 극락세계에 태어나는 중생들은 모두 불퇴전의 아비발치를 성취하였으며, 그 가운데는 많은 사람들이 일생보처에 이르렀는데, 그 수효가 매우 많아 능히 산수로도 알 수 없으며, 다만 무량무변 아승지로 표현 할 수밖에 없느니라."

제 2절 염불왕생(念佛往生)

"사리불이여, 이 말을 들은 중생들은 마땅히 서원을 세워 저 나라에 가서 나기를 발원해야 할 것이니라. 왜냐하면 거기 가면 그와 같이 으뜸가는 사람들과 한데 모여 살 수 있기 때문이니라.
사리불이여, 조그마한 선근이나 복덕의 인연으로는 저 세계에 가서 날 수 없느니라.
사리불이여, 만약 선남자 선여인이 아미타불에 대한 설법을 듣고 그 명호를 굳게 지니어 하루나 이틀 혹은 사흘, 나흘, 닷새, 엿새, 이레 동안 한결같은 마음으로 흐트러지지 아니하면, 그 사람이 임종할 때에 아미타불이 여러 성중들과 함께 그 사람 앞에 나타날 것이니라. 그 사람이 목숨이 마칠 때에 마음이 뒤바뀌지 않고 바로 아미타불의 극락국토에 왕생하게 될 것이니라."

제 3절 제불의 증명과 믿음의 권유

"사리불이여, 나는 이와 같은 이익을 알기 때문에 이러한 말을 하는 것이니, 만약 어떤 중생이든지 이 말을 들으면 마땅히 저 국토에 가서 나기를 발원해야 하느니라."

"사리불이여, 내가 지금 아미타불의 불가사의한 공덕을 찬탄한 것처럼, 동방에도 아촉비불, 수미상불, 대수미불. 수미광불, 묘음불이 계시느니라. 이러한 수없는 부처님들이 각기 그 세계에서 광장설상으로 두루 삼천대천세계에 미치도록 법을 설하시느니라. '너희 중생들은 마땅히 불가사의한 공덕을 칭찬하시고, 모든 부처님이 호념하시는 이 경을 믿어라'고 하시느니라."

"사리불이여, 남방세계에 있는 일월등불, 명문광불, 대염견불, 수미등불, 무량정진불이 계시느니라. 이러한 수없는 부처님들이 각기 그 세계에서 광장설상으로 두루 삼천대천세계에 미치도록 법을 설하시느니라. '너희 중생들은 마땅히 불가사의한 공덕을 칭찬하시고, 모든 부처님이 호념하시는 이 경을 믿어라'고 하시느니라."

"사리불이여, 서방세계에 있는 무량수불, 무량상불, 무량당불, 대광불, 대명불, 보상불, 정광불이 계시느니라. 이러한 수없는 부처님들이 각기 그 세계에서 광장설상으로 두루 삼천대천세계에 미치도록 법을 설하시느니라. '너희 중생들은 마땅히 불가사의한 공덕을 칭찬하시고, 모든 부처님이 호념하시는 이 경을 믿어라'고 하시느니라."

"사리불이여, 북방세계에 있는 염견불, 최승음불, 난저불, 일생불, 망명불이 계시느니라. 이러한 수없는 부처님들이 각기 그 세계에서 광장설상으로 두루 삼천대천세계에 미치도록 법을 설하시느니라. '너희 중생들은 마땅히 불가사의한 공덕을 칭찬하시고, 모든 부처님이 호념하시는 이 경을 믿어라'고 하시느니라."

"사리불이여, 하방세계에 있는 사자불, 명문불, 명광불, 달마불, 법당불, 지법불 이 계시느니라. 이러한 수없는 부처님들이 각기 그 세계에서 광장설상으로 두루 삼천대천세계에 미치도록 법을 설하시느니라. '너희 중생들은 마땅히 불가사의한 공덕을 칭찬하시고, 모든 부처님이 호념하시는 이 경을 믿어라'고 하시느니라."

"사리불이여, 상방세계에 있는 범음불, 수왕불, 향상불, 향광불, 대염견불, 잡색보화엄신불, 사라수왕불, 보화덕불, 견일체의불, 여수미산불이 계시느니라. 이러한 수없는 부처님들이 각기 그 세계에서 광장설상으로 두루 삼천대천세계에 미치도록 법을 설하시느니라. '너희 중생들은 마땅히 불가사의한 공덕을 칭찬하시고, 모든 부처님이 호념하시는 이 경을 믿어라'고 하시느니라."

제 4절 현세와 내세의 이익

"사리불이여, 어찌하여 이 경을 '모든 부처님께서 호념하시는 경'이라고 하는 줄 아는가?

사리불이여, 만일 선남자 선여인이 이 경을 듣고 받아 지니거나 혹은 제불의 명호를 들은 이와 같은 사람들은 모든 부처님께서 호념하시어 모두가 아뇩다라삼먁삼보리에서 물러나지 않을 것이니라.

그러므로 사리불이여, 그대들은 마땅히 모두 내 말과 여러 부처님의 말씀을 믿어야 하느니라.

사리불이여, 만일 어떤 사람이 아미타불의 세계에 가서 나기를, 이미 발원하였거나 지금 발원하거나 혹은 장차 발원하는 모든 사람들은 아뇩다라삼먁삼보리에서 물러나지 않는 지위를 얻을 것이며, 그 국토에 이미 났거나 지금 나거나 혹은 장차 날 것이니라.

그러므로 사리불이여, 모든 선남자 선여인들로서 믿음이 있는 사람은 마땅히 저 국토에 태어나기를 발원해야 하느니라."

제 5절 제불의 찬탄

"사리불이여, 내가 지금 여러 부처님들의 불가사의한 공덕을 칭찬하듯이 저 부처님들도 또한 나의 불가사의한 공덕을 칭찬하시기를 '석가모니 부처님께서 참으로 어렵고 희유한 일을 능히 하셨도다. 시대가 흐리고(劫濁) 견해가 흐리고(見濁) 번뇌가 흐리고(煩惱濁) 중생이 흐리고(衆生濁) 수명이 흐린(命濁) 사바세계의 오탁악세에서 능히 아뇩다라삼먁삼보리를 얻고 모든 중생들을 위해 일체 세간 사람들이 믿기 어려운 법을 설하셨다'고 하시느니라.

사리불이여, 마땅히 알아야 하느니라. 내가 이 오탁악세에서 갖은 고행 끝에 아뇩다라삼먁삼보리를 얻고, 일체 세간 사람들을 위해 이와 같이 믿기 어려운 법을 설하는 것은 매우 어려운 일이니라."

제 3장 유통분

부처님께서 이 경을 설하여 마치시니, 사리불과 비롯한 모든 비구들과 일체 세간의 천인들과 사람들과 아수라 등이 부처님의 말씀을 듣고, 기쁜 마음으로 믿고 받아 지니면서 예배하고 물러갔다.

— **삼악도**: 윤회에서 지옥, 축생, 아귀의 세계.

— **오근**: 신근, 정진근, 염근, 정근, 혜근을 말하고 번뇌를 누르고 깨달음의 도에 나가는데 분명한 작용을 함.

— **오력**: 신력, 정진력, 염력, 정력, 혜력을 말하고 악을 쳐부수는 힘이 있음.

- **칠보리분**: 깨달음에 들어가는 7가지 지혜로, 마음을 오로지 하는 염각지, 지혜에 의해 법의 진위를 밝히는 택법각지, 정법으로 정진하는 정진각지, 정법을 얻었을 때 희각지, 몸과 마음이 경쾌하고 안온한 경안각지, 선정에 들어 마음이 산란하지 않은 정각지, 마음이 한 곳에 치우치지 않고 평등한 사가지를 말함.

- **팔정도**: 정견, 정사, 정어, 정업, 정명, 정정진, 정념, 정정 등을 말함.

- **아비발치**: 보살의 지위에서 다시 물러나지 않으며 반드시 성불할 것이 결정됨.

- **일생보처**: 이번 일생만 마치면 부처의 지위에 오를 수 있는 보살.

- **아뇩다라삼먁삼보리**: 위없는 올바르고 두루 한 깨달음.

- **무생법인**: 모든 법은 나지도, 없어지지도 않음을 깨닫고, 거기에 머물며 움직이지 않고, 진실의 이치를 깨달은 마음의 평온을 말함.

◆ 대한불교 조계종 표준 금강경

1. 법회의 인연

이와 같이 나는 들었습니다. 어느 때 부처님께서 거룩한 비구 천이백오십 명과 함께 사위국 기수급고독원에 계셨습니다. 그때 세존께서는 공양 때가 되어 가사를 입고 발우를 들고 걸식하고자 사위대성에 들어가셨습니다. 성 안에서 차례로 걸식하신 후 본래의 처소로 돌아와 공양을 드신 뒤 가사와 발우를 거두고 발을 씻으신 다음 자리를 펴고 앉으셨습니다.

2. 수보리가 법을 물음

그때 대중 가운데 있던 수보리 장로가 자리에서 일어나 오른쪽 어깨를 드러내고 오른 무릎을 땅에 대며 합장하고 공손히 부처님께 여쭈었습니다.
"경이롭습니다. 세존이시여! 여래께서는 보살들을 잘 보호해 주시며 보살들을 잘 격려해 주십니다. 세존이시여! 가장 높고 바른 깨달음을 얻고자 하는 선남자 선여인이 어떻게 살아야 하며 어떻게 그 마음을 다스려야 합니까?"
부처님께서 말씀하셨습니다.
"훌륭하고 훌륭하다. 수보리여! 그대의 말과 같이 여래는 보살들을 잘 보호해 주며 보살들을 잘 격려해 준다. 그대는 자세히 들어라. 그대에게 설하리라. 가장 높고 바른 깨달음을 얻고자 하는 선남자 선여인은 이와 같이 살아야 하며 이와 같이 그 마음을 다스려야 한다."
"예, 세존이시여!"라고 하며 수보리는 즐거이 듣고자 하였습니다.

3. 대승의 근본 뜻

부처님께서 수보리에게 말씀하셨습니다.

"모든 보살마하살은 다음과 같이 그 마음을 다스려야 한다. '알에서 태어난 것이나, 태에서 태어난 것이나, 습기에서 태어난 것이나, 변화하여 태어난 것이나, 형상이 있는 것이나, 형상이 없는 것이나, 생각이 있는 것이나, 생각이 없는 것이나, 생각이 있는 것도 아니고 없는 것도 아닌 온갖 중생들을 내가 모두 완전한 열반에 들게 하리라. 이와 같이 헤아릴 수 없이 많은 중생을 열반에 들게 하였으나, 실제로는 완전한 열반을 얻은 중생이 아무도 없다.'

왜냐하면 수보리여! 보살에게 자아가 있다는 관념, 개아가 있다는 관념, 중생이 있다는 관념, 영혼이 있다는 관념이 있다면 보살이 아니기 때문이다."

4. 집착 없는 보시

"또한 수보리여! 보살은 어떤 대상에도 집착 없이 보시해야 한다. 말하자면 형색에 집착 없이 보시해야 하며 소리, 냄새, 맛, 감촉, 마음의 대상에도 집착 없이 보시해야 한다. 수보리여! 보살은 이와 같이 보시하되 어떤 대상에 대한 관념에도 집착하지 않아야 한다. 왜냐하면 보살이 대상에 대한 관념에 집착 없이 보시한다면 그 복덕은 헤아릴 수 없기 때문이다.

수보리여! 그대 생각은 어떠한가? 동쪽 허공을 헤아릴 수 있겠는가?"

"없습니다. 세존이시여!"

"수보리여! 남서북방, 사이사이, 아래 위 허공을 헤아릴 수 있겠는가?"

"없습니다. 세존이시여!"

"수보리여! 보살이 대상에 대한 관념에 집착하지 않고 보시하는 복덕도 이와 같이 헤아릴 수 없다. 수보리여! 보살은 반드시 가르친 대로 살아야 한다."

5. 여래의 참 모습

"수보리여! 그대 생각은 어떠한가? 신체적 특징을 가지고 여래라고 볼 수 있는가?"

"없습니다. 세존이시여! 신체적 특징을 가지고 여래라고 볼 수는 없습니다. 왜냐하면 여래께서 말씀하신 신체적 특징은 바로 신체적 특징이 아니기 때문입니다."

부처님께서 수보리에게 말씀하셨습니다.

"신체적 특징들은 모두 헛된 것이니 신체적 특징이 신체적 특징 아님을 본다면 바로 여래를 보리라."

6. 깊은 마음

수보리가 부처님께 여쭈었습니다.

"세존이시여! 이와 같은 말씀을 듣고 진실한 마음을 내는 중생들이 있겠습니까?"

부처님께서 수보리에게 말씀하셨습니다.

"그런 말 하지 말라. 여래가 열반에 든 오백년 뒤에도 계를 지니고 복덕을 닦는 이는 이러한 말에 신심을 낼 수 있고 이것을 진실한 말로 여길 것이다. 이 사람은 한 부처님이나 두 부처님, 서너 다섯 부처님께 선근을 심었을 뿐만 아니라 이미 한량없는 부처님 처소에서 여러 가지 선근을 심었으므로 이 말씀을 듣고 잠깐이라도 청정한 믿음을 내는 자임을 알아야 한다.

수보리여! 여래는 이러한 중생들이 이와 같이 한량없는 복덕 얻음을 다 알고 다 본다. 왜냐하면 이러한 중생들은 다시는 자아가 있다는 관념, 개아가 있다는 관념, 중생이 있다는 관념, 영혼이 있다는 관념이 없고, 법이라는 관념이 없으며 법이 아니라는 관념도 없기 때문이다.

왜냐하면 이러한 중생들이 마음에 관념을 가지면 자아·개아·중생·영혼에 집착하는 것이고 법이라는 관념을 가지면 자아·개아·중생·영혼에 집착하는 것이기 때문이다.

왜냐하면 법이 아니라는 관념을 가져도 자아·개아·중생·영혼에 집착하는 것이기 때문이다. 그러므로 법에 집착해도 안 되고 법 아닌 것에 집착해서도 안 된다.

그러기에 여래는 늘 설했다. 너희 비구들이여! 나의 설법은 뗏목과 같은 줄 알아라. 법도 버려야 하거늘 하물며 법 아닌 것이랴!"

7. 깨침과 설법이 없음

"수보리여! 그대 생각은 어떠한가? 여래가 가장 높고 바른 깨달음을 얻었는가? 여래가 설한 법이 있는가?"

수보리가 대답하였습니다.

"제가 부처님께서 말씀하신 뜻을 이해하기로는 가장 높고 바른 깨달음이라 할 만한 정해진 법이 없고, 또한 여래께서 설한 단정적인 법도 없습니다. 왜냐하면, 여래께서 설한 법은 모두 얻을 수도 없고 설할 수도 없으며, 법도 아니고 법아님도 아니기 때문입니다. 그것은 모든 성현들이 다 무위법 속에서 차이가 있는 까닭입니다."

8. 부처와 깨달음의 어머니, 금강경

"수보리여! 그대 생각은 어떠한가? 어떤 사람이 삼천대천세계에 칠보를 가득 채워 보시한다면 이 사람의 복덕이 진정 많겠는가?"

수보리가 대답하였습니다.

"매우 많습니다. 세존이시여! 왜냐하면 이 복덕은 바로 복덕의 본질이 아닌 까닭에 여래께서는 복덕이 많다고 하셨기 때문입니다."

"다시 어떤 사람이 이 경의 사구게만이라도 받고 지니고 다른 사람을 위해 설해 준다고 하자. 그러면 이 복이 저 복보다 더 뛰어나다. 왜냐하면 수보리여! 모든 부처님과 모든 부처님의 가장 높고 바른 깨달음의 법은 다 이 경에서 나왔기 때문이다. 수보리여! 부처의 가르침이라고 말하는 것은 부처의 가르침이 아니다."

9. 관념과 그 관념의 부정

"수보리여! 그대 생각은 어떠한가? 수다원이 '나는 수다원과를 얻었다.'고 생각하겠는가?"

수보리가 대답하였습니다.

"아닙니다, 세존이시여! 왜냐하면 수다원은 '성자의 흐름에 든 자'라고 불리지만 들어간 곳이 없으니 형색, 소리, 냄새, 맛, 감촉, 마음의 대상에 들어가지 않는 것을 수다원이라 하기 때문입니다."

"수보리여! 그대 생각은 어떠한가? 사다함이 '나는 사다함과를 얻었다.'고 생각하겠는가?"

수보리가 대답하였습니다.

"아닙니다, 세존이시여! 왜냐하면 사다함은 '한 번만 돌아올 자'라고 불리지만 실로 돌아옴이 없는 것을 사다함이라 하기 때문입니다."

"수보리여! 그대 생각은 어떠한가? 아나함이 '나는 아나함과를 얻었다.'고 생각하겠는가?"

수보리가 대답하였습니다.

"아닙니다, 세존이시여! 왜냐하면 아나함은 '되돌아오지 않는 자'라고 불리지만 실로 되돌아오지 않음이 없는 것을 아나함이라 하기 때문입니다."

"수보리여! 그대 생각은 어떠한가? 아라한이 '나는 아라한의 경지를 얻었다.'고 생각하겠는가?"

수보리가 대답하였습니다.

"아닙니다, 세존이시여! 왜냐하면 실제 아라한이라 할 만한 법이 없기 때문입니다. 세존이시여! 아라한이 '나는 아라한의 경지를 얻었다.'고 생각한다면 자아·개아·중생·영혼에 집착하는 것입니다.

세존이시여! 부처님께서 저를 다툼 없는 삼매를 얻은 사람 가운데 제일이고 욕망을 여읜 제일가는 아라한이라고 말씀하셨습니다. 저는 '나는 욕망을 여읜 아라한이다.'라고 생각하지 않습니다.

세존이시여! 제가 '나는 아라한의 경지를 얻었다.'고 생각한다면 세존께서는 '수보리는 적정행을 즐기는 사람이다. 수보리는 실로 적정행을 한 것이 없으므로 수보리는 적정행을 즐긴다고 말한다.'라고 설하지 않으셨을 것입니다."

10. 불국토의 장엄

부처님께서 수보리에게 말씀하셨습니다.

"그대 생각은 어떠한가? 여래가 옛적에 연등부처님 처소에서 법을 얻은 것이 있는가?"

"없습니다, 세존이시여! 여래께서 연등부처님 처소에서 실제로 법을 얻은 것이 없습니다."

"수보리여! 그대 생각은 어떠한가? 보살이 불국토를 아름답게 꾸미는가?"

"아닙니다, 세존이시여! 왜냐하면 불국토를 아름답게 꾸민다는 것은 아름답게 꾸미는 것이 아니므로 아름답게 꾸민다고 말하기 때문입니다."

"그러므로 수보리여! 모든 보살마하살은 이와 같이 깨끗한 마음을 내어야 한다. 형색에 집착하지 않고 마음을 내어야 하고 소리, 냄새, 맛, 감촉, 마음의 대상에도 집착하지 않고 마음을 내어야 한다. 마땅히 집착 없이 그 마음을 내어야 한다. 수보리여! 어떤 사람의 몸이 산들의 왕 수미산만큼 크다면 그대 생각은 어떠한가? 그 몸이 크다고 하겠는가?"

수보리가 대답하였습니다.

"매우 큽니다, 세존이시여! 왜냐하면 부처님께서는 몸 아님을 설하셨으므로 큰 몸이라 말씀하셨기 때문입니다."

11. 무위법의 뛰어난 복덕

"수보리여! 항하의 모래 수만큼 항하가 있다면 그대 생각은 어떠한가? 이 모든 항하의 모래 수는 진정 많다고 하겠는가?"

수보리가 대답하였습니다.

"매우 많습니다, 세존이시여! 항하들만 해도 헤아릴 수 없이 많은데 하물며 그것의 모래이겠습니까?"

"수보리여! 내가 지금 진실한 말로 그대에게 말한다. 선남자 선여인이 그 항하 모래 수만큼의 삼천대천세계에 칠보를 가득 채워 보시한다면 그 복덕이 많겠는가?"

수보리가 대답하였습니다.

"매우 많습니다, 세존이시여!"

부처님께서 수보리에게 말씀하셨습니다.

"선남자 선여인이 이 경의 사구게만이라도 받고 지니고 다른 사람을 위해 설해 준다면 이 복이 저 복보다 더 뛰어나다."

12. 올바른 가르침의 존중

"또한 수보리여! 이 경의 사구게만이라도 설해지는 곳곳마다 어디든지 모든 세상의 천신·인간·아수라가 마땅히 공양할 부처님의 탑묘임을 알아야 한다. 하물며 이 경 전체를 받고 지니고 읽고 외우는 사람이랴!

수보리여! 이 사람은 가장 높고 가장 경이로운 법을 성취할 것임을 알아야 한다. 이와 같이 경전이 있는 곳은 부처님과 존경받는 제자들이 계시는 곳이다."

13. 이 경을 수지하는 방법

그때 수보리가 부처님께 여쭈었습니다.

"세존이시여! 이 경을 무엇이라 불러야 하며 저희들이 어떻게 받들어 지녀야 합니까?"

부처님께서 수보리에게 말씀하셨습니다.

" 이 경의 이름은 '금강반야바라밀'이니, 이 제목으로 너희들은 받들어 지녀야 한다. 그것은 수보리여! 여래는 반야바라밀을 반야바라밀이 아니라 설하였으므로 반야바라밀이라 말한 까닭이다. 수보리여! 그대 생각은 어떠한가? 여래가 설한 법이 있는가?"

수보리가 부처님께 말씀드렸습니다.

"세존이시여! 여래께서는 설하신 법이 없습니다."

"수보리여! 그대 생각은 어떠한가? 삼천대천세계를 이루고 있는 티끌이 많다고 하겠는가?"

수보리가 대답하였습니다.

"매우 많습니다, 세존이시여!"

"수보리여! 여래는 티끌들을 티끌이 아니라고 설하였으므로 티끌이라 말한다. 여래는 세계를 세계가 아니라고 설하였으므로 세계라고 말한다. 수보리여! 그대 생각은 어떠한가? 서른두 가지 신체적 특징을 가지고 여래라고 볼 수 있는가?"

"없습니다, 세존이시여! 서른두 가지 신체적 특징을 가지고 여래라고 볼 수는 없습니다. 왜냐하면 여래께서는 서른두 가지 신체적 특징은 신체적 특징이 아니라고 설하셨으므로 서른두 가지 신체적 특징이라고 말씀하셨기 때문입니다."

"수보리여! 어떤 선남자 선여인이 항하의 모래 수만큼 목숨을 보시한다고 하자. 또 어떤 사람이 이 경의 사구게만이라도 받고 지니고 다른 사람을 위해 설해 준다고 하자. 그러면 이 복이 저 복보다 더욱 많으리라."

14. 관념을 떠난 열반

그때 수보리가 이 경 설하심을 듣고 뜻을 깊이 이해하여 감격의 눈물을 흘리며 부처님께 말씀드렸습니다.

"경이롭습니다, 세존이시여! 제가 지금까지 얻은 혜안으로는 부처님께서 이같이 깊이 있는 경전 설하심을 들은 적이 없습니다. 세존이시여! 만일 어떤 사람이 이 경을 듣고 믿음이 청정해지면 바로 궁극적 지혜가 일어날 것이니, 이 사람은 가장 경이로운 공덕을 성취할 것임을 알아야 합니다.

세존이시여! 이 궁극적 지혜라는 것은 궁극적 지혜가 아닌 까닭에 여래께서는 궁극적 지혜라고 말씀하셨습니다. 세존이시여! 제가 지금 이 같은 경전을 듣고서 믿고 이해하고 받고 지니기는 어렵지 않습니다. 그러나 미래 오백년 뒤에도 어떤 중생이 이 경전을 듣고 믿고 이해하고 받고 지닌다면 이 사람은 가장 경이로울 것입니다. 왜냐하면 이 사람은 자아가 있다는 관념, 개아가 있다는 관념, 중생이 있다는 관념, 영혼이 있다는 관념이 없기 때문입니다. 그것은 자아가 있다는 관념은 관념이 아니며, 개아가 있다는 관념, 중생이 있다는 관념, 영혼이 있다는 관념은 관념이 아닌 까닭입니다. 왜냐하면 모든 관념을 떠난 이를 부처님이라 말하기 때문입니다."

부처님께서 수보리에게 말씀하셨습니다.

"그렇다, 그렇다. 만일 어떤 사람이 이경을 듣고 놀라지도 않고 무서워하지도 않고 두려워하지도 않는다면 이 사람은 매우 경이로운 줄 알아야 한다. 왜냐하면 수보리여! 여래는 최고의 바라밀을 최고의 바라밀이 아니라고 설하였으므로 최고의 바라밀이라 말하기 때문이다.

수보리여! 인욕바라밀을 여래는 인욕바라밀이 아니라고 설하였다. 왜냐하면 수보리여! 내가 옛적에 가리왕에게 온 몸을 마디마디 잘렸을 때, 나는 자아가 있다는 관념, 개아가 있다는 관념, 중생이 있다는 관념, 영혼이 있다는 관념이 없었기 때문이다.

왜냐하면 내가 옛날 마디마디 사지가 잘렸을 때, 자아가 있다는 관념, 개아가 있다는 관념, 중생이 있다는 관념, 영혼이 있다는 관념이 있었다면 성내고 원망하는 마음이 생겼을 것이기 때문이다.

수보리여! 여래는 과거 오백 생 동안 인욕수행자였는데 그때 자아가 있다는 관념이 없었고, 개아가 있다는 관념이 없었고, 중생이 있다는 관념이 없었고, 영혼이 있다는 관념이 없었다.

그러므로 수보리여! 보살은 모든 관념을 떠나 가장 높고 바른 깨달음의 마음을 내어야 한다.

형색에 집착 없이 마음을 내어야 하며 소리, 냄새, 맛, 감촉, 마음의 대상에도 집착 없이 마음을 내어야 한다. 마땅히 집착 없이 마음을 내어야 한다. 마음에 집착이 있다면 그것은 올바른 삶이 아니다. 그러므로 보살은 형색에 집착 없는 마음으로 보시해야 한다고 여래는 설하였다.

수보리여! 보살은 모든 중생을 이롭게 하기 위해 이와 같이 보시해야 한다. 여래는 모든 중생이란 관념은 중생이란 관념이 아니라고 설하고, 또 모든 중생도 중생이 아니라고 설한다.

수보리여! 여래는 바른 말을 하는 이고, 참된 말을 하는 이며, 이치에 맞는 말을 하는 이고, 속임 없이 말하는 이며, 사실대로 말하는 이다. 수보리여! 여래가 얻은 법에는 진실도 없고 거짓도 없다.

수보리여! 보살이 대상에 집착하는 마음으로 보시하는 것은 마치 사람이 어둠 속에 들어가면 아무것도 볼 수 없는 것과 같고 보살이 대상에 집착하지 않는 마음으로 보시하는 것은 마치 눈 있는 사람에게 햇빛이 밝게 비치면 갖가지 모양을 볼 수 있는 것과 같다.

수보리여! 미래에 선남자 선여인이 이 경전을 받고 지니고 읽고 외운다면 여래는 부처의 지혜로 이 사람들이 모두 한량없는 공덕을 성취하게 될 것임을 다 알고 다 본다."

15. 경을 수지하는 공덕

"수보리여! 선남자 선여인이 아침나절에 항하의 모래 수만큼 몸을 보시하고 점심나절에 항하의 모래 수만큼 몸을 보시하며 저녁나절에 항하의 모래 수만큼 몸을 보시하여, 이와 같이 한량없는 시간동안 몸을 보시한다고 하자.

또 어떤 사람이 이 경의 말씀을 듣고 비방하지 않고 믿는다고 하자. 그러면 이 복은 저 복보다 더 뛰어나다. 하물며 이 경전을 베껴 쓰고 받고 지니고 읽고 외우고 다른 이를 위해 설명해 줌이랴!

수보리여! 간단하게 말하면 이 경에는 생각할 수도 없고 헤아릴 수도 없는 한없는 공덕이 있다. 여래는 대승에 나아가는 이를 위해 설하며 최상승에 나아가는 이를 위해 설한다.

어떤 사람이 이 경을 받고 지니고 읽고 외워 널리 다른 사람을 위해 설해 준다면 여래는 이 사람들이 헤아릴 수 없고 말할 수 없으며 한없고 생각할 수 없는 공덕을 성취할 것임을 다 알고 다 본다. 이와 같은 사람들은 여래의 가장 높고 바른 깨달음을 감당하게 될 것이다.

왜냐하면 수보리여! 소승법을 좋아하는 자가 자아가 있다는 견해, 개아가 있다는 견해, 중생이 있다는 견해, 영혼이 있다는 견해에 집착한다면 이 경을 듣고 받고 읽고 외우며 다른 사람을 위해 설명해 주지 못하기 때문이다.

수보리여! 이 경전이 있는 곳은 어디든지 모든 세상의 천신·인간·아수라들에게 공양을 받을 것이다. 이곳은 바로 탑이 되리니 모두가 공경하고 예배하고 돌면서 그곳에 여러 가지 꽃과 향을 뿌릴 것임을 알아야 한다."

16. 업장을 맑히는 공덕

"또한 수보리여! 이 경을 받고 지니고 읽고 외우는 선남자 선여인이 남에게 천대와 멸시를 당한다면 이 사람이 전생에 지은 죄업으로는 악도에 떨어져야 마땅하겠지만, 금생에 다른 사람의 천대와 멸시를 받았기 때문에 전생의 죄업이 소멸되고 반드시 가장 높고 바른 깨달음을 얻게 될 것이다.

수보리여! 나는 연등부처님을 만나기 전 과거 한량없는 아승기겁 동안 팔백 사천만억 나유타의 여러 부처님을 만나 모두 공양하고 받들어 섬기며 그냥 지나친 적이 없었음을 기억한다.

만일 어떤 사람이 정법이 쇠퇴할 때 이 경을 잘 받고 지니고 읽고 외워서 얻은 공덕에 비하면, 내가 여러 부처님께 공양한 공덕은 백에 하나에도 미치지 못하고 천에 하나 만에 하나 억에 하나에도 미치지 못하며 더 나아가서 어떤 셈이나 비유로도 미치지 못한다.

수보리여! 선남자 선여인이 정법이 쇠퇴할 때 이 경을 받고 지니고 읽고 외워서 얻는 공덕을 내가 자세히 말한다면, 아마도 이 말을 듣는 이는 마음이 어지러워서 의심하고 믿지 않을 것이다. 수보리여! 이 경은 뜻이 불가사의하며 그 과보도 불가사의함을 알아야 한다."

17. 궁극의 가르침, 무아

그때 수보리가 부처님께 여쭈었습니다.

"세존이시여! 가장 높고 바른 깨달음을 얻고자 하는 선남자 선여인은 어떻게 살아야 하며 어떻게 그 마음을 다스려야 합니까?"

부처님께서 수보리에게 말씀하셨습니다.

"가장 높고 바른 깨달음을 얻고자 하는 선남자 선여인은 이러한 마음을 일으켜야 한다. '나는 일체 중생을 열반에 들게 하리라. 일체 중생을 열반에 들게 하였지만 실제로는 아무도 열반을 얻은 중생이 없다.'

왜냐하면 수보리여! 보살에게 자아가 있다는 관념, 개아가 있다는 관념, 중생이 있다는 관념, 영혼이 있다는 관념이 있다면 보살이 아니기 때문이다. 그것은 수보리여! 가장 높고 바른 깨달음에 나아가는 자라 할 법이 실제로 없는 까닭이다.

수보리여! 그대 생각은 어떠한가? 여래가 연등부처님 처소에서 얻은 가장 높고 바른 깨달음이라 할 법이 있었는가?"

"아닙니다. 세존이시여! 제가 부처님께서 말씀하신 뜻을 이해하기로는 부처님께서 연등부처님 처소에서 얻으신 가장 높고 바른 깨달음이라 할 법이 없습니다."

부처님께서 말씀하셨습니다.

"그렇다, 그렇다. 수보리여! 여래가 가장 높고 바른 깨달음을 얻은 법이 실제로 없다. 수보리여! 여래가 가장 높고 바른 깨달음을 얻은 법이 있었다면 연등부처님께서 내게 '그대는 내세에 석가모니라는 이름의 부처가 될 것이다.'라고 수기하지 않았을 것이다.

가장 높고 바른 깨달음을 얻은 법이 실제로 없었으므로 연등부처님께서 내게 '그대는 내세에는 반드시 석가모니라는 이름의 부처가 될 것이다.'라고 수기하셨던 것이다. 왜냐하면 여래는 모든 존재의 진실한 모습을 의미하기 때문이다.

어떤 사람이 여래가 가장 높고 바른 깨달음을 얻었다고 말한다면, 수보리여! 여래가 가장 높고 바른 깨달음을 얻은 법이 실제로 없다. 수보리여! 여래가 얻은 가장 높고 바른 깨달음에는 진실도 없고 거짓도 없다. 그러므로 여래는 '일체법이 모두 불법이다.'라고 설한다. 수보리여! 일체법이라 말한 것은 일체법이 아닌 까닭에 일체법이라 말한다. 수보리여! 예컨대 사람의 몸이 매우 큰 것과 같다."

수보리가 말하였습니다.

"세존이시여! 여래께서 사람의 몸이 매우 크다는 것은 큰 몸이 아니라고 설하셨으므로 큰 몸이라 말씀하셨습니다."

"수보리여! 보살도 역시 그러하다. '나는 반드시 한량없는 중생을 제도하리라.' 말한다면 보살이라 할 수 없다. 왜냐하면 수보리여! 보살이라 할 만한 법이 실제로 없기 때문이다. 그러므로 여래는 모든 법에 자아도 없고, 개아도 없고, 중생도 없고, 영혼도 없다고 설한 것이다.

수보리여! 보살이 '나는 반드시 불국토를 장엄하리라.' 말한다면 이는 보살이라 할 수 없다. 왜냐하면 여래는 불국토를 장엄한다는 것은 장엄하는 것이 아니라고 설하였으므로 장엄한다고 말하기 때문이다. 수보리여! 보살이 무아의 법에 통달한다면 여래는 이런 이를 진정한 보살이라 부른다."

18. 분별없이 관찰함

"수보리여! 그대 생각은 어떠한가? 여래에게 육안이 있는가?"

"그렇습니다, 세존이시여! 여래에게는 육안이 있습니다."

"수보리여! 그대 생각은 어떠한가? 여래에게 천안이 있는가?"

"그렇습니다, 세존이시여! 여래에게는 천안이 있습니다."

"수보리여! 그대 생각은 어떠한가? 여래에게 혜안이 있는가?"

"그렇습니다, 세존이시여! 여래에게는 혜안이 있습니다."

"수보리여! 그대 생각은 어떠한가? 여래에게 법안이 있는가?"

"그렇습니다, 세존이시여! 여래에게는 법안이 있습니다."

"수보리여! 그대 생각은 어떠한가? 여래에게 불안이 있는가?"

"그렇습니다, 세존이시여! 여래에게는 불안이 있습니다."

"수보리여! 그대 생각은 어떠한가? 여래는 항하의 모래에 대해서 설하였는가?"

"그렇습니다, 세존이시여! 여래는 이 모래에 대해 설하셨습니다."

"수보리여! 그대 생각은 어떠한가? 한 항하의 모래와 같이 이런 모래만큼의 항하가 있고 이 여러 항하의 모래 수만큼 부처님 세계가 그만큼 있다면 진정 많다고 하겠는가?"

"매우 많습니다, 세존이시여!"

부처님께서 수보리에게 말씀하셨습니다.

"그 국토에 있는 중생의 여러 가지 마음을 여래는 다 안다. 왜냐하면 여래는 여러 가지 마음이 모두 다 마음이 아니라 설하였으므로 마음이라 말하기 때문이다. 그것은 수보리여! 과거의 마음도 얻을 수 없고 현재의 마음도 얻을 수 없고 미래의 마음도 얻을 수 없는 까닭이다."

19. 복덕 아닌 복덕

"수보리여! 그대 생각은 어떠한가? 어떤 사람이 삼천대천세계에 칠보를 가득 채워 보시한다면 이 사람이 이러한 인연으로 많은 복덕을 얻겠는가?"

"그렇습니다, 세존이시여! 그 사람이 이러한 인연으로 매우 많은 복덕을 얻을 것입니다."

"수보리여! 복덕이 실로 있는 것이라면 여래는 많은 복덕을 얻는다고 말하지 않았을 것이다. 복덕이 없기 때문에 여래는 많은 복덕을 얻는다고 말한 것이다."

20. 모습과 특성의 초월

"수보리여! 그대 생각은 어떠한가? 신체적 특징을 원만하게 갖추었다고 여래라고 볼 수 있겠는가?"

"아닙니다, 세존이시여! 신체적 특징을 원만하게 갖추었다고 여래라고 볼 수는 없습니다. 왜냐하면 여래께서는 원만한 신체를 갖춘다는 것은 원만한 신체를 갖춘 것이 아니라고 설하셨으므로 원만한 신체를 갖춘 것이라고 말씀하셨기 때문입니다."

"수보리여! 그대 생각은 어떠한가? 신체적 특징을 갖추었다고 여래라고 볼 수 있겠는가?"

"아닙니다, 세존이시여! 신체적 특징을 갖추었다고 여래라고 볼 수는 없습니다. 왜냐하면 여래께서는 신체적 특징을 갖춘다는 것이 신체적 특징을 갖춘 것이 아니라고 설하셨으므로 신체적 특징을 갖춘 것이라고 말씀하셨기 때문입니다."

21. 설법 아닌 설법

"수보리여! 그대는 여래가 '나는 설한 법이 있다.'는 생각을 한다고 말하지 말라. 이런 생각을 하지 말라. 왜냐하면 '여래께서 설하신 법이 있다.'고 말한다면, 이 사람은 여래를 비방하는 것이니, 내가 설한 것을 이해하지 못했기 때문이다. 수보리여! 설법이라는 것은 설할 만한 법이 없는 것이므로 설법이라고 말한다."

그때 수보리 장로가 부처님께 여쭈었습니다.

"세존이시여! 미래에 이 법 설하심을 듣고 신심을 낼 중생이 조금이라도 있겠습니까?"

부처님께서 말씀하셨습니다.

"수보리여! 저들은 중생이 아니요 중생이 아닌 것도 아니다. 왜냐하면 수보리여! 중생이라 하는 것은 여래가 중생이 아니라고 설하였으므로 중생이라 말하기 때문이다."

22. 얻을 것이 없는 법

수보리가 부처님께 여쭈었습니다.

"세존이시여! 부처님께서 가장 높고 바른 깨달음을 얻은 것은 법이 없는 것입니까?"

부처님께서 말씀하셨습니다.

"그렇다, 그렇다. 수보리여! 내가 가장 높고 바른 깨달음에서 조그마한 법조차도 얻을 만한 것이 없었으므로 가장 높고 바른 깨달음이라 말한다."

23. 관념을 떠난 선행

"또한 수보리여! 이 법은 평등하여 높고 낮은 것이 없으니, 이것을 가장 높고 바른 깨달음이라 말한다. 자아도 없고, 개아도 없고, 중생도 없고, 영혼도 없이 온갖 선법을 닦음으로써 가장 높고 바른 깨달음을 얻게 된다. 수보리여! 선법이라는 것은 선법이 아니라고 여래는 설하였으므로 선법이라 말한다."

24. 경전 수지가 최고의 복덕

"수보리여! 삼천대천세계에 있는 산들의 왕 수미산만큼의 칠보 무더기를 가지고 보시하는 사람이 있다고 하자. 또 이 반야바라밀경의 사구게만이라도 받고 지니고 읽고 외워 다른 사람을 위해 설해 주는 사람이 있다고 하자. 그러면 앞의 복덕은 뒤의 복덕에 비해 백에 하나에도 미치지 못하고 천에 하나 만에 하나 억에 하나에도 미치지 못하며 더 나아가서 어떤 셈이나 비유로도 미치지 못한다."

25. 분별없는 교화

"수보리여! 그대 생각은 어떠한가? 그대들은 여래가 '나는 중생을 제도하리라.'는 생각을 한다고 말하지 말라. 수보리여! 이런 생각을 하지 말라. 왜냐하면 여래가 제도한 중생이 실제로 없기 때문이다. 만일 여래가 제도한 중생이 있다면, 여래에게도 자아·개아·중생·영혼이 있다는 집착이 있는 것이다.

수보리여! 자아가 있다는 집착은 자아가 있다는 집착이 아니라고 여래는 설하였다. 그렇지만 범부들이 자아가 있다고 집착한다. 수보리여! 범부라는 것도 여래는 범부가 아니라고 설하였다."

26. 신체적 특징을 떠난 여래

"수보리여! 그대 생각은 어떠한가? 서른두 가지 신체적 특징으로 여래를 볼 수 있는가?"

수보리가 대답하였습니다.

"그렇습니다, 그렇습니다. 서른두 가지 신체적 특징으로도 여래라고 볼 수 있습니다."

부처님께서 말씀하셨습니다.

"수보리여! 서른두 가지 신체적 특징으로도 여래라고 볼 수 있다면 전륜성왕도 여래겠구나!"

수보리가 부처님께 말씀드렸습니다.

"세존이시여! 제가 부처님께서 말씀하신 뜻을 이해하기로는, 서른두 가지 신체적 특징을 가지고는 여래를 볼 수 없습니다."

그때 세존께서 게송으로 말씀하셨습니다.

"형색으로 나를 보거나 음성으로 나를 찾으면
삿된 길 걸을 뿐 여래 볼 수 없으리."

27. 단절과 소멸의 초월

"수보리여! 그대가 '여래는 신체적 특징을 원만하게 갖추지 않았기 때문에 가장 높고 바른 깨달음을 얻은 것이다.'라고 생각한다면, 수보리여! '여래는 신체적 특징을 원만하게 갖추지 않았기 때문에 가장 높고 바른 깨달음을 얻은 것이다.'라고 생각하지 말라.

수보리여! 그대가 '가장 높고 바른 깨달음의 마음을 낸 자는 모든 법이 단절되고 소멸되어 버림을 주장한다.'고 생각한다면, 이런 생각을 하지 말라. 왜냐하면 가장 높고 바른 깨달음의 마음을 낸 자는 법에 대하여 단절되고 소멸된다는 관념을 말하지 않기 때문이다."

28. 탐착 없는 복덕

"수보리여! 보살이 항하의 모래 수만큼 세계에 칠보를 가득 채워 보시한다고 하자. 또 어떤 사람이 모든 법이 무아임을 알아 인욕을 성취한다고 하자. 그러면 이 보살의 공덕은 앞의 보살이 얻은 공덕보다 더 뛰어나다. 수보리여! 모든 보살들은 복덕을 누리지 않기 때문이다."

수보리가 부처님께 여쭈었습니다.

"세존이시여! 어찌하여 보살이 복덕을 누리지 않습니까?"

"수보리여! 보살은 지은 복덕에 탐욕을 내거나 집착하지 않아야 하기 때문에 복덕을 누리지 않는다고 설한 것이다."

29. 오고 감이 없는 여래

"수보리여! 어떤 사람이 '여래는 오기도 하고 가기도 하며 앉기도 하고 눕기도 한다.'고 말한다면, 그 사람은 내가 설한 뜻을 이해하지 못한 것이다. 왜냐하면 여래란 오는 것도 없고 가는 것도 없으므로 여래라고 말하기 때문이다."

30. 부분과 전체의 참모습

"수보리여! 선남자 선여인이 삼천대천세계를 부수어 작은 티끌을 만든다면, 그대 생각은 어떠한가? 이 티끌들이 진정 많겠는가?"
"매우 많습니다, 세존이시여! 왜냐하면 티끌들이 실제로 있는 것이라면 여래께서는 티끌들이라고 말씀하지 않으셨을 것이기 때문입니다. 그것은 여래께서 티끌들은 티끌들이 아니라고 설하셨으므로 티끌들이라고 말씀하신 까닭입니다. 세존이시여! 여래께서 말씀하신 삼천대천세계는 세계가 아니므로 세계라 말씀하십니다. 왜냐하면 세계가 실제로 있는 것이라면 한 덩어리로 뭉쳐진 것이겠지만, 여래께서 한 덩어리로 뭉쳐진 것은 한 덩어리로 뭉쳐진 것이 아니라고 설하셨으므로 한 덩어리로 뭉쳐진 것이라 말씀하셨기 때문입니다."
"수보리여! 한 덩어리로 뭉쳐진 것은 말할 수가 없는 것인데 범부들이 그것을 탐내고 집착할 따름이다."

31. 내지 않아야 할 관념

"수보리여! 어떤 사람이 여래가 '자아가 있다는 견해, 개아가 있다는 견해, 중생이 있다는 견해, 영혼이 있다는 견해를 설했다.'고 말한다면, 수보리여! 그대 생각은 어떠한가? 이 사람이 내가 설한 뜻을 알았다 하겠는가?"

"아닙니다, 세존이시여! 그 사람은 여래께서 설한 뜻을 알지 못한 것입니다. 왜냐하면 세존께서는 자아가 있다는 견해, 개아가 있다는 견해, 중생이 있다는 견해, 영혼이 있다는 견해가 자아가 있다는 견해, 개아가 있다는 견해, 중생이 있다는 견해, 영혼이 있다는 견해가 아니라고 설하셨으므로 자아가 있다는 견해, 개아가 있다는 견해, 중생이 있다는 견해, 영혼이 있다는 견해라고 말씀하셨기 때문입니다."

"수보리여! 가장 높고 바른 깨달음을 얻고자 하는 이는 일체법에 대하여 이와 같이 알고, 이와 같이 보며, 이와 같이 믿고 이해하여 법이라는 관념을 내지 않아야 한다. 수보리여! 법이라는 관념은 법이라는 관념이 아니라고 여래는 설하였으므로 법이라는 관념이라 말한다."

32. 관념을 떠난 교화

"수보리여! 어떤 사람이 한량없는 아승기 세계에 칠보를 가득 채워 보시한다고 하자. 또 보살의 마음을 낸 어떤 선남자 선여인이 이 경을 지니되 사구게만이라도 받고 지니고 읽고 외워 다른 사람을 위해 연설해 준다고 하자. 그러면 이 복이 저 복보다 더 뛰어나다. 어떻게 남을 위해 설명해 줄 것인가? 설명해 준다는 관념에 집착하지 말고 흔들림 없이 설명해야 한다. 왜냐하면 일체 모든 유위법은 꿈·허깨비·물거품·그림자·이슬·번개 같으니 이렇게 관찰할지라."

부처님께서 이 경을 다 설하시고 나니, 수보리 장로와 비구·비구니·우바새·우바이와 모든 세상의 천신·인간·아수라들이 부처님의 말씀을 듣고 매우 기뻐하며 믿고 받들어 행하였습니다.

◆ 나무아미타불 염불

나무 서방정토 극락세계 아미타불

나무아미타불~
(횟수는 시간과 환자의 상황을 살펴 하며 환자와 함께 하는 것이 좋으나
환자가 따라서 못한다면 잘 듣게 하여야 함)

아미타불 본심미묘진언
(아미타부처님의 본마음을 보여주는 미묘한 진언)

다냐타 옴 아리 다라 사바하 (3번)

서방정토 안락국에 계시면서
중생을 맞이해 주시는 대도사님께 머리숙여
내 이제 왕생하길 간절히 발원하옵나니
원컨대 대자대비 베푸시어 거두어 주옵소서

(계수서방안락찰 접인중생대도사
아금발원원왕생
유원자비애섭수 고아일심귀명정례)

◆ 극락세계 발원문

극락세계에 계시어 중생을 이끌어 주시는 아미타부처님께 귀의하옵고
그 세계에 가서 나기를 염불행자 ○○○는 발원하옵나니 자비하신 원력으로 굽어 살펴 주시옵소서.
저희들이 네 가지 은혜 끼친 이와 삼계중생들을 위하여 부처님의 위없는 도를 이룩하려는 정성으로 아미타불의 거룩하신 명호를 수지하여 극락세계에 가서 나기를 원하나이다.
업장은 두텁고 복과 지혜 부족하여 더러운 마음 물들기 쉽고 깨끗한 공덕 이루기 어렵기에 이제 부처님 앞에서 지극한 정성으로 예배하고 참회하나이다.
저희들이 끝없는 옛적부터 오늘에 이르도록 몸과 입과 마음으로 한량없이 지은 죄와 맺은 원수, 모두 녹여 버리옵고 이제부터 서원 세워 나쁜 짓 멀리하여 다시 짓지 아니하고 보살도 항상 닦아 정각을 이루어서 중생을 제도하려 하옵나니,

아미타부처님이시여!

대자대비하신 원력으로 저를 증명하시며, 저를 어여삐 여기시며, 저를 가피하시어 삼매나 꿈속에서나 아미타불 거룩한 상호를 뵈옵고, 아미타불의 장엄한 국토에 다니면서, 아미타불의 감로로 저에게 뿌려 주시고, 아미타불의 광명으로 저를 비춰 주시고, 아미타불의 손으로 저를 만져 주시고, 아미타불의 옷으로 저의 허물을 덮어 주시어 업장은 소멸되고 선근은 자라나고 번뇌는 없어지고 무명은 사라져서 원각의 묘한 마음 뚜렷하게 열리옵고 상적광토가 항상 나타나지이다.
또 이 목숨 마치올제 갈 시간 미리 알아 여러 가지 병고액난이 몸에 없어지고

탐진치 온갖 번뇌 마음에 씻은 듯이 육근이 화락하고 한생각 분명하여 이 몸을 버리옵기 정에 들듯 하옵거든 그 때에 아미타부처님께서 12광불과 관음세지를 비롯한 25 보살을 데리시고 광명 놓아 저를 맞으시며 아미타불의 손을 들어 저를 인도하여 주옵소서.

그 때에 높고 넓은 누각들과 아름다운 깃발들과 맑은 향기, 고운 풍류, 거룩하온 극락세계 눈 앞에 분명커든 보는 이, 듣는 이들 기쁘고 감격하여 위없이 깨친 마음 다같이 발하올 제 이내 몸 고이고이 연화좌에 올라앉아 부처님 뒤를 따라 극락정토로 왕생케 하옵소서.

칠보로 된 연못 속에 상품상생하온 뒤에 불보살 뵈옵거든 미묘한 법문 듣고 무생법인 깨치오며 부처님 섬기옵고 수기를 친히 받아 온갖 공덕을 원만하게 이루어지이다.

그러한 후 극락세계를 떠나지 아니하고 사바세계에 다시 돌아와 한량없는 분신으로 시방국토 다니면서 여러 가지 신통력과 여러 가지 방편으로 무량중생 제도하여 탐진치 여의옵고, 깨끗한 마음으로 극락세계 함께 가서 물러나지 않는 자리에 오르게 하려 하오니 세계가 끝이 없고, 중생이 끝이 없고, 번뇌업장이 모두 끝이 없사올세 염불행자 ○○○의 서원도 끝이 없나이다.

저희들이 지금 예배하고 발원하여 닦아 지진 공덕을 온갖 중생에게 베풀어 주어 삼계유정들도 모두 제도하여 다같이 일체 종지를 이루어지이다.

나무아미타불 나무아미타불 나무극락도사아미타불

(아미타경, 극락세계발원문 출처: 정토삼부경. 한보광 역, 민족사)

◆ 사홍서원

중생을 다 건지오리다.
번뇌를 다 끊으오리다.
법문을 다 배우오리다.
불도를 다 이루오리다.

◆ 무상계(無常戒)

무상계는 열반으로 들어가는 요긴한 문,
고통바다 건너가는 자비의 배입니다.
부처님도 이계로써 열반에 들으셨고
중생들도 이계로써 고통바다 건너갑니다.

영가시여, 이제 몸과 마음 놓아버리고
신령스런 마음자리 뚜렷이 드러내어
부처님의 위없는 청정계를 받아지니니,
이런 다행 다시 어디 있겠습니까.

영가시여, 겁의 불길 타오르면
대천세계 무너지고
수미산도 닳아지고
저 바다도 모두 말라 버리거늘
몸이 나고 늙고 병들어 죽는 일과
근심 걱정 슬픔 고뇌가
어찌 남아 있겠습니까.

영가시여,
살과 뼈와 팔과 다리 흙으로 돌아가고
침과 눈물 피와 땀은 물기로 돌아가며

따스한 몸의 온기 불로 돌아가고
움직이던 기운은 바람으로 돌아가서
사대요소 제각기로 흩어졌으니
영가의 몸이 어디 있다 하겠습니까?

영가시여,
땅과 물과 불과 바람 사대로 이루어진
영가의 몸 헛되고도 거짓된 것이니
애석해 할 이유가 하나도 없습니다.

영가시여,
시작 없는 옛적부터 오늘에 이르도록
무명의 어리석음 말미암아 명색(名色)이 생기고
명색으로 말미암아 집착 생기고
집착으로 말미암아 생을 받고
생으로 말미암아 늙고, 죽고, 슬픔, 고뇌가 생깁니다.
그러므로 무명의 어리석음 사라지면
명색이 사라지고, 명색이 사라지면
집착이 사라지고, 집착이 사라지면
생이 사라지고 생이 사라지면
늙고, 죽고, 슬픔, 고뇌 사라집니다.

이 세상의 모든 현상 본래부터 적멸하니
불자들이 그 도리를 잘 행하면
오는 세상 누구든지 부처님되리.

이 세상의 모든 것은 끊임없는 변함이니
순간순간 생겨나서 사라지는 모습일세.
생기고 사라짐마저 다하여 없어지면
그 자리가 다름아닌 분명한 극락일세.

불보의 청정계에 귀의하소서.
법보의 청정계에 귀의하소서.
승보의 청정계에 귀의하소서.

과거세의 뛰어난 여래이신 응공 · 정변지 · 명행족 ·
선서 · 세간해 · 무상사 · 조어장부
천인사 · 불 · 세존께 귀명하소서.
영가시여,
헛것으로 이루어진 허망한 몸 훌훌 벗고
신명스런 마음자리 뚜렷이 드러내어
부처님의 위없는 청정계를 받았으니
이 어찌 유쾌하고 유쾌하지 아니하며
천당극락 마음대로 가서나게 되었으니
어찌 쾌활하고 쾌활하지 않겠습니까.

달마조사 오신 뜻이 너무나도 당당하니
본래 맑은 마음자리 자성의 고향이라
묘한 본체 맑디맑아 일정처소 없건마는
산하대지 두두물물 청정법신 나타내네.

　　　　　(무상계 출처: 불교 상제례 안내. 대한불교조계종 포교연구실 著)

※ 뜻을 전해드리고자 우리말로된 경전을 실었습니다.
　항상 하시던 방법이 익숙하시고 환희심이 더욱 나신다면 그대로 하셔도 무방합니다.

참고문헌

- 『조계종 표준 우리말 반야심경』 대한불교조계종 의례위원회 저, 조계종출판사
- 『조계종 표준 금강반야바라밀경』 대한불교조계종 의례위원회 저, 조계종출판사
- 『정토삼부경』 한보광 역, 민족사
- 『낡은 옷을 갈아입고』 대한불교조계종 포교원구실 저, 조계종출판사
- 『불교 상제례 안내』 대한불교조계종 포교원구실 저, 조계종출판사
- 『불교의례』 이성운 저, 조계종출판사
- 『행복의 법칙』 광덕스님 저, 불광출판사
- 『생활속의 기도법』 일타스님 저, 효림
- 『극락세계 1, 2, 3』 공파스님, 불광출판부
- 『아미타경 강설』 혜총스님 저, 조계종출판사
- 『임종삼대요-인생의 최후』 인광대사 저, 삼보제자
- 『단박에 윤회를 끊는 가르침』 인광대사 저, 불광출판사
- 『서방극락이 그대의 집』 정원규 역, 민족사
- 『내 이름을 부르는 이 누구나 건너리』 정원규 역, 불광출판사
- 『아미타경 심요』 허만항 역, 비움과소통
- 『임종, 어떻게 맞이할 것인가』 박병규 역, 운주사
- 『불교의 생사관과 죽음교육』 안양규 저, 모시는 사람
- 『호스피스 완화간호』 가톨릭대학교 호스피스교육연구소 저, 군자출판사
- 『종양학에서 완화의료 핸드북』 연세암병원 완화의료센터 저
- Yun et al. Public Attitudes Toward Dying with Dignity and Hospice · Palliative Care. Korean J Hospice · Palliat Care 2004;7(1):17-28

불자의사들이 전하는
부처님 자비광명 속 호스피스 · 완화의료
돌아가는 길, 나의 등불

1쇄발행 2018년 10월 12일
2쇄발행 2020년 02월 15일

지은이 임정애 외
펴낸이 정수연
펴낸곳 도서출판 여름
등록 제1998년 9월 2일(제2-2626호)
주소 서울 중구 을지로 20길 32-16
전화 02-2278-6990
E-mail design6990@naver.com

ISBN 978-89-92612-41-8 03220

값 14,000원